Kuni Kollo

HOMO, QUO VADIS?

Gebrauchsanweisung für eine bessere Welt

© 2017 Kuni Kollo
2. erweiterte Auflage

Satz & Korrektorat: Christine Kolb
www.buerokolb.de
Umschlag & Titelbild: Jenny Kollo
www.kollossal.de – coaching & communication
Innengrafiken: Wikimedia
Verlag: tredition GmbH, Hamburg

ISBN
978-3-7439-4369-8 (Paperback)
978-3-7439-4370-4 (Hardcover)
978-3-7439-4371-1 (e-Book)

Printed in Germany

Bibliografische Information der Deutschen Nationalbibliothek: Die Deutsche Nationalbibliothek ver-
zeichnet diese Publikation in der Deutschen Natio-
nalbibliografie; detaillierte bibliografische Daten sind
im Internet über http://dnb.d-nb.de abrufbar.

Kuni Kollo, Manager, Jahrgang 1948, lebt neben beruflichen Aufenthalten in Afrika, Asien und Nahost in Köln und seit einiger Zeit auch abwechselnd in Andalusien.

Die Veränderungen in 2008 sowie andere kritische Entwicklungen waren Anlass, sich wieder mehr mit der Politik zu befassen. Natürlich haben auch die tiefen Eindrücke und Erfahrungen aus den oben genannten Gebieten mitgespielt. Schließlich entstand die Idee, sich in Buchform kritisch mit den Entwicklungen der Welt auseinanderzusetzen.

Inhalt

Prolog

Die Entstehung unseres Sonnensystems und damit unseres Planeten Erde geht rund 4.5 Milliarden Jahre zurück. Unsere Erde, der blaue Planet, ist einzigartig. Der Astronaut Alexander Gerst beschrieb die Eindrücke seines Raumfluges auf der ISS 2014 anlässlich seiner Landung sehr emotional. Er war fasziniert von der Schönheit der Erde aus dem Weltall und dass die uns so wichtigen Grenzen von oben gar nicht zu sehen sind. Er war erschrocken von der Dünne der uns schützenden Atmosphäre, und ihn bedrückten die kriegerischen Auseinandersetzungen, die sogar von dort zu sehen sind.

Bei der Entstehung unseres Planeten waren große Teile von Wasser bedeckt, auf dem einzelne Kontinentalplatten schwammen. Vor rund 300 Millionen Jahren stießen die Platten nach und nach zusammen und vereinten sich zu dem Megakontinent Pangäa. Rund 50 Millionen Jahre später drifteten aufgrund von erneuten plattentektonischen Prozessen einige Teile wieder auseinander. Wir Menschen tun dies auch immer wieder gerne, unsere Prozessantreiber sind dabei allzu häufig selbstgemacht, Eigensinn und Egoismus.

Unsere menschlichen Vorfahren führen uns rund 1,9 bis 1,2 Millionen Jahre wohl auf den Homo erectus zurück. Aus Afrika verbreiteten wir uns in der Welt. Unsere evolutionäre Entwicklung war beeinflusst und getrieben durch sich ständig verändernde klimatische Bedingungen und den sich daraus ergebenen Problemen der Nahrungssuche und einer sicheren Behausung. Der Auszug aus Afrika geschah also keineswegs freiwillig.

Vor ca. 170.000 bis 60.000 Jahren machten sich daher die ersten Stämme und Gruppen auf den Weg in die Welt, über unterschiedliche Routen vielfach über Kleinasien und Arabien; zunächst verstärkt in den asiatischen Raum und später nach Europa. Die Besiedelung des Amerikanischen Kontinent fand wahrscheinlich viel später, während oder vor dem Ende der letzten Eiszeit vor rd. 10.000 bis 15.000 Jahren statt. Mensch und Tier wanderten von Asien aus über eine Landbrücke via der damals noch begehbaren Beringstraße, oder auch entlang der Küstenlinien nach Amerika.

In dieser Zeit der Wanderschaft entwickelten unterschiedliche Gruppen und Stämme eigene Dialekte, aus denen sich teilweise Sprachen entwickelten. Mit fortschreitender Sesshaftigkeit kam es auch zur Ausprägung von Religionen. Es liegt offensichtlich in uns Menschen, Dank zu sagen und um Schutz zu bitten. Diese ersten Naturreligionen gingen später auf in größeren Religionsgemeinschaften. Wir kennen aus dem Altertum noch den Kult der ägyptischen Sonnengötter sowie die griechischen Mythologie.

Wenn wir uns aber die Entwicklung vor gut 2000 Jahren v. Chr. ansehen, stellen wir fest, dass nicht das Altertum, sondern der Zarathustrismus aus dem Perserreich sehr stark die großen Religionen von heute geprägt hat. Allen voran sei hier das Judentum genannt, später folgte das Christentum und schließlich der Islam, wobei sie alle von einander abtöpferten und lernten. Ich erinnere mich in diesem Zusammenhang an Gespräche mit Geschäftsfreunden im Irak und anderen Teilen Arabiens. Auf die neugierige Frage, worauf die Dauerstreitigkeit zwischen dem Islam und dem Judentum zurückzuführen sei, erhielt ich stets ein Lächeln mit dieser Antwort: „Das war schon immer so. Alles nicht so schlimm, wir haben ja dieselben Vorfahren."

Diese schwierigen Zeiten, über Tausende von Jahren, konnten unsere Vorfahren nur durch Mut, Fleiß, Lernfähigkeit und Zusammenhalt in den Familien- und Stammesstrukturen überstehen.

Das ist ein klares Zeugnis der Gemeinsamkeit unserer Weltgemeinschaft – und somit von uns Menschen. Unterschiedliche Pigmentierungen, Gewohnheiten und Religionen sind auf umweltbedingte Anpassungen unserer Vorfahren, an die verschiedenen Regionen, zurückzuführen.

Wir können diese gemeinsame Entwicklung nur bewundern. Wenn wir uns unsere Vergangenheit und die Mühe unserer Vorfahren vor Augen halten, kommt unweigerlich die Frage auf, warum wir uns heute abgrenzen und dadurch andere zwangsläufig diskriminieren. Überall auf der Welt finden wir heute Populisten und Rädelsführer, die die Menschen diesbezüglich aufwiegeln und mit Lügen und Hirngespinsten verführen.

Es gibt keine menschliche Wertigkeit. Weder von Rassen, Geschlecht, Religionen, Hautfarben, Herkunft, Bildung, Intelligenz, Besitz, Weltanschauung oder politischer Ausrichtung. Ängste in diesem Zusammenhang sind alleine von Demagogen geprägt. Wir sind alle gleich. Wir sind Menschen; alle mit Fehlern, Schwächen und Stärken, und das macht uns gerade liebenswürdig. Es gibt keine Übermenschen.

Wir Menschen hatten in den letzten 1000 Jahren trotz einiger Rückschläge eine gute und fruchtbare Entwicklung in vielen Ländern und Bereichen, von Landwirtschaft über Gewerbe bis hin zu Technik. Doch irgendwann schon vor vielen Jahren gab es Brüche in dieser Entwicklung. Getrieben von Neugier, Eitelkeiten, Egozentrik, Habgier – dem Hunger nach mehr – wurde sich über geltendes Recht gestellt, wurden Kriege angezettelt, Menschen versklavt und die Erde ausgebeutet. Bei Notwendigkeit auch unter Missbrauch des Namen Gottes, wie wir heute wieder bei IS und anderen terroristischen Gruppen sehen.

Durch die Verrohung der Sitten bleiben Menschlichkeit und Miteinander auf der Strecke. Viele Menschen wissen gar nicht mehr was das ist. Ob illegale Autorennen, Mobbing und vieles mehr, es werden Straftaten aller Art begangen, in deren Mittelpunkt die Befriedigung des Egos auf Kosten anderer steht. Seitens unserer Richter und Gerichte fehlt es an entsprechenden Sanktionen, um ein gewisses Maß an Abschreckung für Nachahmer zu schaffen. Bei Totschlag und ähnlichen Vergehen Bewährung zu geben, ist nicht nachvollziehbar. Spielt hier die Angst vor Rache eine Rolle oder nur die Zeitersparnis für die Gerichtsbarkeit?

Gerade in den letzten 200 Jahren gab es einen enormen technischen Fortschritt, leider auch gepaart mit viel Armut, Kriegen und Leid in Europa und weltweit. Das normale Volk war über lange Zeiträume vielerorts quasi Leibeigene der herrschenden Klassen. Wir dürfen so etwas nie mehr zulassen.

Es darf auch keine Pflicht geben, in einen Krieg zu ziehen. Die Entscheidung muss bei jedem einzelnen Menschen liegen. Eigentlich dürfte es gar keine Kriege mehr geben. Jeder, aber auch wirklich jeder Konflikt sollte sich heute friedlich regeln lassen.

Natürlich gib es Situationen, im Inneren wie im Äußeren, in denen sich ein Land zur Wehr setzen muss, wie etwa gegen den IS oder andere Despoten. Hierzu haben die meisten Länder mittlerweile eine Berufsarmee auf freiwilliger Basis, die Pflicht zur Waffe brauchen wir nicht mehr.

Leider sind wir gerade in den letzten Generationen immer unvernünftiger mit unserem Erbe, dem blauen Planeten umgegangen. Atombomben, unterirdische und oberirdische Atomversuche, gewaltige Rodungen unserer Urwälder, Verklappung von Müll und Gift in den Meeren, extreme Ausbeutung von Bodenschätzen sind nur ein paar unserer größeren Sünden. – Wollen wir so weitermachen?

Wir haben eine Verpflichtung den kommenden Generationen gegenüber, denen wir bislang vor allem gigantische Schuldenberge hinterlassen. Wir müssen heute solide, gerechte Lösungen für die Zukunft unserer Welt entwickeln. Ein friedliches Miteinander der Menschen und der Natur ist dabei unabdingbare Grundvoraussetzung. Schäden an unserem Planeten sind oft nicht mehr reparabel. Hier gilt es, unser Handeln schleunigst zu überdenken und anzupassen.

In den nachfolgenden Kapiteln möchte ich Denkanstöße und Lösungswege aufzeichnen, wie wir gemeinsam für uns und unsere Nachkommen eine positive Zukunft auf unserer Erde gestalten können. Dieser Essay soll ein Weckruf sein, kein wissenschaftlicher Beitrag. Auch keine politische Orientierung, sondern Impulsgeber und Diskussionsanregung. Schlicht: eine Gebrauchsanleitung, wie wir unsere Welt wieder humaner und gerechter gestalten können. Da eine solche Gebrauchsanweisung ein permanentes Update braucht, freue ich mich besonders auf Ihr Feedback.

Auf eine formale Darstellung sowie tiefer gehende Behandlung von volks- und betriebswirtschaftlichen Hintergründen und deren Abläufen habe ich zugunsten einfacher und verständlicher Beschreibungen verzichtet. Ebenso auf ein Literaturverzeichnis, da alle Information historische und aktuelle Entwicklungen sind. Die Zahlen und Fakten sind in öffentlichen Medien und im Internet frei verfügbar. Als Gedankenstütze habe ich stattdessen einige Karten von Wikipedia bezüglich unseres ursprünglichen Planeten Pangäa, die Ausbreitung des Homo sapiens aus Afrika und den Völkerwanderungen beigefügt.

I. Das natürliche Ungleichgewicht und die Gier

Der Mensch entwickelte sich vom Sammler und Jäger, also vom autarken Selbstversorger, zum Viehzüchter, Bauern, Handwerker und Wissenschaftler etc. bis hin zum Homo oeconomicus. Dies war verbunden mit weiter Arbeitsteilung und sukzessiver Ausprägung der Produktionsfaktoren.

Parallel hierzu erfolgte auch die Entwicklung unserer Zahlungsmittel und -formen, das heißt vom Tauschgeschäft durch Bewertung der Leistung/Arbeit/Ware bis zur Bewertung der Tauscheinheiten durch Gold, Edelsteine, Muscheln u.v.a. bis später zum Geld auf Gold- oder Silberbasis bzw. Papiergeld an Edelmetall gekoppelt. Ein wirkliches Gleichgewicht gab es auch früher nicht. Naturkatastrophen, Ernteausfälle, das Recht des Stärkeren u.v.m. sorgten für ein „natürliches Ungleichgewicht".

Geld und Goldmünzen dienten später zur Vereinfachung des Tauschhandels. Gold und Silber waren bereits im Altertum der Spiegel der damaligen Realwirtschaft bzw. des Bruttosozialproduktes oder Reichtum der Präger. Die bekannten Goldmünzen, die schon um 500 v. Chr. aus dem Perserreich stammten, später aus Ägypten und von den Kelten, machten erst den Handel über Ländergrenzen hinaus, von Asien bis nach Europa, möglich.

Wachsende Mobilität, positive Neugier und Entdeckungslust brachten nach und nach neben Wachstum und Fortschritt auch Probleme, wie Kriege, Ausbeutung und Kolonialismus. Deren Folgen haben wir bis heute nicht überwunden geschweige denn ausgeglichen. Rassenprobleme bzw. Ressentiments sehen wir heute überall. Der ursprüngliche Spiegel der früheren Realwirtschaft verblasste mehr und mehr.

Befeuert durch die (Hab-) Gier des Menschen nach Geld und Macht, kippte dieser Spiegel weiter und damit auch die angemessene Bewertung von Arbeit und Kapital. Der kleine Personenkreis der Besitzenden, der dadurch auch Zugang zu Macht und Kapital hat, arbeitet im klassischen Sinne nicht mehr. Diese Menschen ließen ihr Geld für sich arbeiten. Damit das Kapital schneller wächst, besteht kein großes Interesse, dem Faktor Arbeit den verdienten „Mehrwert" zukommen zu lassen. Im Gegenteil: Die Ausbeutung des Produktionsfaktors Arbeit hatte hier ihren Anfang und wie wir sehen, geht die Misere so weiter.

Enormer Kapitalbedarf für Kriege und ein unangemessener Lebenswandel herrschender Schichten vor allem in Amerika, Asien und Europa führte zur Ausbeutung und auch Verarmung großer Bevölkerungsteile. So entstanden auch die Vorgänger der Finanzwirtschaft, die Geldverleiher, -verwalter und -eintreiber.

Aus Bequemlichkeit, Vetternwirtschaft oder Unvermögen wurde irgendwann das Geld Monopol, das heißt die Geldgenerierung, -verteilung und -verwaltung von den Staaten und deren Zentralbanken ganz den Geschäftsbanken übertragen. Das war auf lange Sicht wohl der größte und schlimmste Fehler der Politik.

Die Gier begleitet uns seit Menschengedenken – über Könige, Diktatoren, Raubzüge, Sklaverei, Frühkapitalismus, Kolonialismus. Sie begegnet uns auch in Form von unsinnigen Spekulationen und Kapriolen, wie im 17. Jahrhundert, bei der Überbewertung von Tulpenzwiebeln in Holland mit täglich steigenden, horrenden Preisen und deren Crash 1637. Heute versucht der Bitcoin eine ähnliche Rolle einzunehmen.

Durchaus lässt sich auch eine Parallele zum Handel mit faulen Immobilienpapieren und anderen Derivaten bei dem letzten Banken- und Börsencrash ziehen. Diese bisher größte Krise/Crash von 2008 ist immer noch nicht überwunden. Im Gegenteil, das nachfolgende ungehemmte Drucken von Papiergeld ohne Goldgegenwert durch die Notenbanken, das in den USA schon mit dem Vietnamkrieg angefangen hatte, macht alles nur noch schlimmer.

Zwar kann dies kurzfristig ein politisch richtiges Mittel sein, doch einmal angefangen, geht es meistens immer weiter und unser Geld wird immer weniger wert. Es ist eine gefährliche und äußerst einseitige Melange, die am Ende nur das Kapital schützt und trotzdem früher oder später zum Systemkollaps führt, zulasten der Mittel- und Unterschicht.

Für die menschliche Habgier haben wir bis heute noch kein adäquates Gegenmittel gefunden. Es ist die Ursache für das überproportionale Ungleichgewicht und die Not auf unserem Globus. Gerade hier müssen wir den Hebel ansetzen und über Schutzmechanismen nachdenken und diese in Sachfragen und Lösungsansätze einbeziehen. Die Zurücknahme des Geldmonopols in staatliche Hand gehört auch dazu. Wir reden hier, wie bei Rohstoffen, Energien etc., über Allgemeingut/-wert, was in die öffentliche Hand und Kontrolle gehört.

Zum längerfristigen Überleben des Menschen brauchen wir ein neues, allgemeingültiges Verständnis und eine Akzeptanz dieses Weltbildes. Da wir bereits heute eine globale, vernetzte Welt haben, ist eine Basis vorhanden. Vor einigen Jahren hatte es noch den Anschein, dass wir sogar mehr Gemeinsamkeiten entwickeln und stärker zusammenwachsen. Jedoch die Werte, Weltanschauungen, Systeme, wirtschaftliche und politische Verhältnisse driften aktuell immer weiter auseinander. Das heißt, auch diese Themenkreise müssen wir behandeln.

Die Neubewertung bzw. gerechte Gewichtung der Produktionsfaktoren Arbeit und Kapital ist ein wichtiger Schritt in diese Richtung. Auch die Auseinandersetzung mit der Politik und den Verwaltungen ist notwendig. Weitere Herausforderungen sind Auffälligkeiten wie die Verrohung der Gesellschaft und der Sitten, die Bombardierung von Zivilbevölkerung und die daraus resultierenden Flüchtlingsströme. Es ist unsere Aufgabe, uns den vielen Veränderungen zu stellen und Lösungen finden. Es gibt keine ideale Lösung oder Patentrezept, jedoch machbare Ansätze – ohne Revolution oder Krieg.

Es geht in dieser Abhandlung nicht um die Umsetzung politischer oder weltanschaulicher Ziele, sondern darum, wie wir eine humanere, gerechtere Welt für uns alle schaffen bzw. für unsere Nachkommen erhalten können.

II. Wege aus dem Ungleichgewicht

Denkanstöße – statt Patentrezepte

1. Gerechte Bewertung der Produktionsfaktoren

1.1 Überbewertung des "goldenen Kalbs"

Wir brauchen zur Schaffung von Dienstleistungen und Gütern neben dem Produktionsfaktor Arbeit, das heißt menschliche Arbeitskraft (in allen Formen und Varianten), auch Rohstoffe und Produktionsmittel (wie Werkzeuge, Maschinen, Gebäude etc.). Und hierfür brauchen wir Geld, den Produktionsfaktor Kapital, der an sich, das heißt kontrolliert, weder schlecht noch böse ist. Das erforderliche Geld wird in Form von Eigenkapital und Krediten, Anleihen, Beteiligungen u.v.a. in die Unternehmen eingebracht und in Form von Zinsertrag, Ausschüttungen etc. entlohnt. Angebot und Nachfrage werden durch Attraktivität/Qualität der Ware oder Dienstleistung und den guten Namen des Produzenten bzw. des Leistungserbringers sowie Sicherheiten einerseits und zu zahlenden Zinsen andererseits geregelt. Vereinfacht ausgedrückt erhält ein Unternehmen sein notwendiges Betriebskapital von Anlegern, wie direkten Investoren, Aktionären etc., sowie aus dem Unternehmensgewinn. Im Normalfall steht drüber hinaus ein vereinbarter Kreditrahmen (Kontokorrentkredit) von der Hausbank zur Verfügung. Dafür erhalten die Banken Gebühren und Zinsen.

Für die Privatkundengeschäfte der Banken erhalten diese ebenfalls Gebühren, Überziehungs- und Kreditzinsen, abzüglich Zinsgutschriften an die Kunden für angelegtes Geld – aus Sicht der Banken ein seit Jahrhunderten traditionelles und solides, aber auch sehr überschaubares Geschäft.

Durch die staatliche Deregulierung der Finanzmärkte in den 70er-, 80er-und 90er-Jahren ergaben sich ganz neue Geschäftsmodelle für die Finanzwelt. Mit der damit verbundenen faktischen Aufgabe der Geldhoheit sowie unzureichender Kontrolle der Staaten löste sich der Kapitalmarkt aus deren politischer Hoheit. Es wurde nach und nach ein zweiter Kapitalmarkt, ein virtuelles Spielkasino für das Kapital geschaffen, sodass die Banken jetzt selbst Geld generieren und alle möglichen und unmöglichen Eigengeschäfte selbst steuern können. Wie praktisch. Begünstigt wurde das alles durch die Habgier und Kreativität des Menschen. Schon seit einigen Jahren gibt es alleine aus diesem Grund spezielle Studiengänge für Wirtschafts- und Finanzmathematiker. Deren Aufgabe ist es, neben der Optimierung von Risikoanalysen neue komplizierte Produkte zu erfinden. Diese versteht zwar oft keiner mehr, aber sie klingen verlockend und garantieren der Bank einen mehr oder weniger großen Profit. Für den Kunden gibt es allerdings keine Garantie, hier reicht die Gier auf Profit aus. Die Aufsichtsbehörden und Kunden selbst können die Modelle bzw. Produkte kaum noch verstehen. Es locken nur enorme Gewinnchancen, die der traditionelle Markt nicht (mehr) darstellen kann. Wir können uns leicht vorstellen, dass die Finanzwelt diese neuen Entwicklungen und Geschäftsmöglichkeiten begrüßen, da sie sich so weitestgehenden Kontrollen entziehen. Wegen der enormen Gewinnmöglichkeiten haben sich viele sogar nach und nach ausschließlich auf das neue Segment konzentriert, wie die vielen Investment- und Schattenbanken zeigen.

Dieser Markt ist losgelöst von der Realwirtschaft, das heißt, dieser Markt ist betriebswirtschaftlich gesehen existent, spiegelt aber nicht die Summe der klassisch erwirtschafteten Bruttosozialprodukte wider. Also volkswirtschaftlich mehr eine statistische Größe. Die Schattenseite zeigte sich beim Zusammenbruch dieses spekulativen Kapitalmarktes, bei dem sich auch normale Banken und deren Kunden verzockt hatten, wie wir 2008 gesehen haben. Da mussten dann die einzelnen Staaten und allen voran die Mittelschicht die Zeche ganz oder teilweise bezahlen. Das treibende Kapital konnte steuerlich abschreiben, wie praktisch.

Die Generierung von Giralgeld, also digitales Geld auf Konten durch Kreditvergabe, Anlagen, Immobilienkäufe etc. geschieht mehrheitlich durch die Banken, aber ohne die Zentralbanken. Rund 80 Prozent der Geldumlaufmenge in der Europäischen Währungsunion werden heute von den Banken direkt generiert. Für die Zentralbank werden dabei nur rund 2 bis 5 Prozent Sicherheit – als Zahlungsreserve – von den Banken hinterlegt. Dies ist aber nur ein Bruchteil der Verbindlichkeiten der Banken. Das alles ist also streng genommen eine Luftnummer.

Beflügelt wurde das Szenario durch den weltweit zunehmenden Giroverkehr und dadurch die Schaffung von Giralgeld. Durch den Turbo-Finanzkapitalismus wurde die Entwicklung nochmals beschleunigt und undurchsichtiger. Das alles hat nichts mehr mit der Realwirtschaft zu tun, die die Volkswirtschaften, sprich die normal arbeitende Bevölkerung ernährt. Die ungebremste Giralgeldschöpfung führte auch zu Überschuldung vieler Volkswirtschaften und privater Haushalte. Vielleicht weil alles so einfach geht.

Die Stabilität des Geldes ist fragwürdig geworden, weil keiner die wirklichen Sicherheiten und Risiken der Banken aus deren Geldschöpfung kennt und darüber hinaus das spekulative Element der Banken nicht transparent ist.

Ein neuer Crash könnte somit jederzeit plötzlich und unerwartet auf uns zukommen. Ob der dann noch zu schultern wäre? Der letzte ist noch nicht ganz überwunden. Die Zentralbanken sind faktisch entmachtet und die Bankenaufsicht kann die komplexen Spiele auch nicht mehr durchschauen. Wir müssen uns dieses neue Bankensystem wie ein großes, verbundenes, internationales Spielbanksystem vorstellen mit vielen rechtlich unabhängigen und doch irgendwie verbundenen, oft versteckten Partnern.

Immer wieder werden in diesem Marktsegment neue spekulative Papiere kreiert, aber auch sozial und volkswirtschaftlich gesehen schädliche Investitionsmöglichkeiten mit guten Gewinn- und Verlustmöglichkeiten als Teil unserer Weltwirtschaft geschaffen. Leider kein Witz.

Warum tolerieren wir heute noch, nach allen schmerzlichen Erfahrungen, diese politischen Entscheidungen und kehren nicht zurück zu alten, bewährten Systemen und lassen dort unsere neuen Erkenntnisse einfließen?

Heute kontrolliert das Kapital, das heißt die Banken, Investment- und Schattenbanken, die Staaten und

Regierungen dieser unserer Welt. – Einige geben dies auch öffentlich zu. Sie schaffen das nicht nur in Form von Wetten und spekulativen Ein- und Verkäufen, sowie durch Kreationen neuer undurchsichtiger Derivate usw., sondern auch durch legale Rechtsbeugung. Hier spielen die großen Wirtschaftsprüfungsgesellschaften und die großen Fachanwalts Praxen eine große Rolle. Weltweit agierend schaffen sie es mit Spitzenpersonal, das auch entsprechend bezahlt wird, nicht nur Steuern und Abgaben etc., sondern auch vieles andere zu umgehen.

Damit dieses Spiel so funktioniert, operieren und agieren die beteiligten Banken mit vielen unterschiedlichen Tochtergesellschaften oder ganz ausgegliederten Firmen. Diese sind überwiegend auf den Caymans oder ähnlichen Steuerparadiesen zu Hause. Die ausgelagerten Unternehmen sind mit vergleichbaren Firmen anderer Banken verbunden oder verwoben.

Darüber hinaus verfügen sie über die notwendigen technischen Voraussetzungen, damit das Geld nun durch viele Hände und Länder ungesehen fließen kann. Wenn man das gut macht – und das machen sie –, kann man als Außenstehender den Weg des Geldes kaum nachvollziehen. Wie im Kino. Nur dieses Drehbuch hat das Leben geschrieben, und wenn so etwas über Jahre läuft, wird es von vielen als das

Normale und Legale angesehen. Wir sollten hier langsam wach werden und gegensteuern. Die „Panama Papers" sind nur ein Schatten von dem großen Kuchen.

Die Abwicklung großer Deals erfolgt normalerweise durch Kanzleien, Wirtschaftsprüfer, Beauftragte (=Strohmänner) etc. Die dahinterstehenden Gesellschaften bleiben im Hintergrund und treten meistens nicht auf. Dank hoch kreativer Buchhaltung und Konzepte gibt es auch keine nachweisbaren Verbindungen. Diese Leute sind schon sehr schlau, und es ist wohl die Gier, die uns so anstachelt.

Die Muttergesellschaften zahlen in den USA, in Europa oder sonst wo ganz brav und legal Steuern, aber nur für ihr traditionelles Kerngeschäft. Sonst würden die exzellenten Beziehungen in die Regierungskreise nicht funktionieren. Diese engen persönlichen Verflechtungen und Freundschaften in die Politik sind für die großen Spieler, wie Black Rock, Goldman Sachs etc., natürlich existenziell.

Der Erfolg von langfristigem Fördern und Pushen von Ex-Direktoren (Mitarbeitern) in die internationale Politik, wie z.B. Herr Dragi und andere, macht sich bezahlt. Gegen diese geballte Macht des Geldes kommen die Spezialisten der öffentlichen Hand, also der Steuerbehörden und Bankenaufsicht, ohne Gesetzesänderungen, spezialisiertes Personal und adäquater technischer Ausstattung zurzeit nicht weiter. Hier hilft nur die politische Rückführung der Geldhoheit in die Zentralbanken, also unter staatliche Kontrolle. Dazu später mehr.

Die eigentliche Aufgabe der Banken, die Bedienung der Realwirtschaft, wurde ausgeblendet, da in der neuen Welt die eigenen Geschäfte und Profite im Fokus stehen, die ungleich höher waren/sind als die traditionellen Geschäftsmodelle. Aber nicht nur die Profite, auch die Gehälter von Bankvorständen stiegen. In vielen Ländern wie z.b. in Spanien verdienten sogar die Direktoren von einfachen Sparkassen einige Millionen im Jahr. Und nicht zu vergessen die Bezüge der angestellten Händler, Chefhändler und Makler. Diese Gehälter und vor allem Boni stiegen und stiegen und sind teilweise immer noch in schwindelnden Höhen. Es geht und ging nur noch um mehr, immer mehr. Tom Wolfe hat dieses Thema sehr anschaulich in seinem Werk „Fegefeuer der Eitelkeiten" (Originaltitel „The Bonfire of the Vanities") karikiert. Soziale Ausgeglichenheit oder langfristige Vorteile, strategische oder betriebswirtschaftliche Notwendigkeiten sowie volkswirtschaftlicher Nutzen bleiben außen vor und sind für die neuen Herrscher des Universums, die sich wohl auch als solche fühlen, nicht relevant. Vielleicht bringen die neuen Prozesslawinen und rückwirkende Bonikürzungen wie zurzeit bei der Deutschen Bank, nach und nach ein Umdenken? Schön wäre es ja.

Die Anfänge der heutigen Entwicklung liegen in den 60er-Jahren. Damals suchten die großen US-Pensionsfonds auch außerhalb der USA international bessere Renditen für ihre Anleger. Es wurden so riesige Summen durch die großen Händler der Wall Street in der Wellt angeboten. Mit den Jahren wurde das Rad immer größer und ebenso die Profitabilität. Und auf einmal hatten die Händler, meist junge Betriebswirte, statt der früher üblichen 100.000 USD auf einmal 1 Mio. USD und mehr p.a. auf dem Gehaltskonto. Das geschah durch eine zusätzliche Provision auf den erzielten Umsatz, wie bei Versicherungen oder Autoverkäufern. Dabei hatte man sich wohl, geblendet von den riesigen Summen, die bei solchen Transaktionen bewegt werden, um eine oder zwei Kommastellen verschätzt. Das heißt, statt Promille hat man die Provision in Prozent vom täglichen bzw. monatlich abgewickelten Umsatz gezahlt, und das zog sich dann immer weiter. Und wenn so eine Entwicklung einmal toleriert und akzeptiert wird, entwickelt sich eine Eigendynamik, die schwer zu bremsen ist und immer mehr verlangt, egal wie. Größere Anreize jeder Art befeuern unsere Gier.

Diese ganzen Geschäfte gehen zulasten der Realwirtschaft. Sie stellen letztendlich die Ausbeutung und Aushebelung des Faktors Arbeit ohne jeden volkswirtschaftlichen Nutzen dar, und im Grunde schadet das uns allen.

Die dadurch entstandenen Finanzierungsprobleme der Wirtschaft schlagen sich leider auch auf die Beschäftigen und den Beschäftigungsgrad nieder. Kapital steht nicht mehr wie früher bei normalem Geschäftsverlauf von den Banken zur Verfügung. Seit dieser Zeit gibt es ein viel stärkeres öffentliches Engagement der Unternehmen, auch kleinerer. Es schlug die Stunde der Öffentlichkeitsarbeit – wir erinnern uns noch an die neue Vokabel „Shareholder Value". Und alles geschieht nur zur Sicherung des Betriebskapitals, da sich hierfür viele Banken nicht mehr so zuständig fühlen.

Aber auch die Realwirtschaft wurde von diesem Vergütungsbazillus der Wall Street angesteckt und schwappte schnell rüber nach Europa. Vor rund 30 Jahren verdiente ein DAX-Vorstandsvorsitzender im Schnitt unter 1 Mio. Euro p.a., plus die anderen üblichen Vergünstigungen. Heute sind es schon 10 Mio. Euro und auch mehr. Analoges gilt auch für die anderen Vorstandsmitglieder und eventuell die nächste Direktionsebene.

Bei den weiteren Führungsebenen, Angestellten und Arbeitern kam von dieser neuen Entwicklung jedoch kaum etwas an. Das sollte einem doch zu denken geben.

Die „Selbstbedienung" der Vorstände von deutschen und anderen europäischen börsennotierten Unternehmen muss aufhören. Es kann nicht angehen, dass die Vorstände durch gezielte Auswahl und Pflege von Aufsichtsratsmitgliedern die Kontrollfunktion des Aufsichtsrats aushebeln. Diese Entwicklung ist ungesund, mehr als bedenklich und stellt das System ad absurdum. Zusätzlich begünstigt wird das alles noch durch die herrschenden Rahmenbedingungen, mangelnder Kontrollen bzw. fehlender Kompetenz und Engagement der Aufsichtsbehörden sowie Rücksichtslosigkeit, Seilschaften etc. auf der anderen Seite.

Gravierend ist der mangelnde Schutz des Faktors Arbeit, sprich der arbeitenden Bevölkerung – aber auch der Kleinanleger mit ihren oft ungerechtfertigterweise verlorenen Prozessen, wegen Falschaussagen der Banken. Was interessiert die großen Spieler, die Megaheuschrecken, die Investmentbanken, Versicherungen, Hedgefonds, Private Equities und Vermögensverwaltungen die Konsequenzen deren Handelns?

Diese Banken und besonders die Schattenbanken tätigen keine klassischen Bankgeschäfte, verfügen aber über enormes Kapital von deren Kunden, wie Großanleger, Pensionsfond etc. Hierzu gehören neben dem weltweit größten und marktbeherrschenden Spieler „Black Rock" auch Banken wie Goldman Sachs, JP Morgan und die anderen bekannten großen Spieler. Diese Leute haben ganz andere Dinge im Fokus als Humanität oder das Wohlergehen der Allgemeinheit.

Die Zerlegung oder Schließung von Fabriken, Wohnsiedlungen etc. irgendwo auf der Welt und die dadurch resultierenden Auswirkungen für die arbeitenden Menschen und deren Familien sowie der betroffenen Kommunen ist denen schlicht und ergreifend egal. Das sind halt Kollateralschäden. Moral und verantwortungsbewusstes Handeln wird ausgeblendet und bleibt auf der Strecke. Mit dieser Mentalität kommen wir nicht weiter. Es ist schlicht und ergreifend nicht akzeptabel!

Der CEO von Black Rock, Larry Fink, mit 4 Billionen USD Geschäftsvolumen (das 10-Fache des Haushalts der BRD) und rd. 10.000 Mitarbeitern ist er der größte Spieler. Gut vernetzt und verbunden mit dem US-Wirtschaftsminister, dem CEO von Goldman Sachs und deren Ex-Direktoren wie Herrn Dragi und anderen, die zwischenzeitlich Kabinettsmitglieder vieler Nationen sind. Und jetzt wechselt der Ex-EU-Kommissionschef und Ex-Ministerpräsident, Minister und Staatssekretär vom damals wie heute Schulden gebeutelten Portugal, Manuel Barroso, brav nach Ablauf der Sperrfrist von anderthalb Jahren zu Goldman Sachs – als deren Berater und Aufsichtsratvorsitzender der Londoner Tochter GSI.

Man kann darüber streiten, aber die Vernetzung zwischen Politik und dieser Art von (Investment-)Banken finde ich einfach geschmacklos. Man muss doch auch aufhören bzw. loslassen können oder einfach sein eigenes Ding machen. Aber nein, der werte Herr Barroso beschwert sich noch lautstark über den Verlust seiner Privilegien in den EU-Gremien und -Räumlichkeiten. Eine unvorstellbare Arroganz und Überheblichkeit.

Überhaupt sind diese Spieler gut miteinander vernetzt. Darüber hinaus halten sie gegenseitige Beteiligungen und erreichen dadurch eine sehr starke, marktbeherrschende Position. Man sagt, Black Rock könnte durch seine Vernetzungen sogar über mehr als 15 Billionen USD Kapital herrschen. Darüber hinaus verfügen sie über eins der größten und schnellsten Computersysteme der Welt (Aladin) und können in Sekundenschnelle Risikoanalysen erstellen. Ein unglaublicher Wettbewerbsvorteil. Dieser parallele, spekulative Kapitalmarkt ist um ein zigfaches größer als die gesamte weltwirtschaftliche Produktionsleistung – es wird gesagt, um das 70- bis 80-Fache der gesamten Realwirtschaft.

Nur durch die Gier, befeuert durch die krassen Entlohnungssysteme, konnte so viel Geld und damit auch Macht angehäuft und an anderer Stelle zerstört und Elend erzeugt werden.

Wir nehmen unten immer mehr weg und verteilen es nach oben. Auch die EZB hat in einer Studie in 2014 festgestellt, dass die Schere zwischen Arm und Reich in Europa weiter auseinandergeht. Ohne Moral und Ethik sowie gesellschaftlicher Verantwortung funktioniert unser Geld- und auch unser Wertesystem nicht!!!

Und schon wieder wird die Realwirtschaft in der EU nicht ausreichend mit Kapital bedient, was die EZB den Banken zur Verfügung stellt. Es scheint, als hätten die Banken mittlerweile das Interesse am traditionellen Bankgeschäft verloren, also die Vergabe von Klein- und Großkrediten an Industrie, Gewerbe, Handel und Privatkunden. Stattdessen wird nach wie vor nach einfacheren, gewinnbringenden Möglichkeiten gesucht – und wenn es zulasten von Kleinkunden oder Gewerbe ist. Da neuerdings Sparkassenvorstände Gehälter wie in DAX-Unternehmen einstreichen, muss das ja irgendwo herkommen. Mit Strafzinsen alleine lässt sich da nicht gegensteuern.

Doch was macht die EZB jetzt? Sie wirft die Druckmaschinen an und druckt ganz locker Milliarden von Euro, überschwemmt unsere Banken mit Geld, befeuert die Inflation mit dem Märchen der erwarteten Deflation. Und wer soll das bezahlen? A so Aktion statt Konzept. Die Konjunktur in Europa können wir damit nicht anheizen. Solange in vielen Partnerländern die notwendigen strukturellen und punktuellen Hausaufgaben nicht gemacht werden und deren Inhalte bzw. Projekte nicht auf Machbarkeit und Notwendigkeit geprüft sind, macht es keinen Sinn, das hierfür notwendige Kapital zur Verfügung zu stellen.

Wichtigster Schritt ist, zunächst in Europa übergreifende, fundierte Investitionspläne erstellen, die sich nicht gegenseitig ausheln oder direkt konkurrieren. Wir brauchen Unterstützung und Ansiedlung von Gewerbe und Industrie in allen schwächelnden Regionen und vor allem Bekämpfung der Jugendarbeitslosigkeit sowie Stärkung der Infrastruktur und Bildung.

Das alles ist ja schon lange bekannt, aber es passiert nicht viel. Erst wenn wir diese Themen anfassen, beschließen, als gemeinsame Ziele festschreiben und die Projektverantwortlichen festgezurrt haben, machen meines Erachtens die Geldschwemme und Niedrigzinsen der EZB endlich Sinn und haben auch ihre Berechtigung. Besser und sicherer für uns alle wäre es jedoch, zeitgleich oder vorher die Geldhoheit an die Staaten und deren Zentralbanken und EZB zurückzuführen.

Die Wege des Geldes, die Kapitalströme haben sich verändert. Früher wanderte im Wesentlichen das Geld der Zentralbank an die Banken. Diese zahlten Löhne und Gehälter aus, gaben Kredite an Gewerbe, Industrie und Privatkunden und verwalteten Privat- und Geschäftskonten mit den entsprechenden Ein- und Ausgaben. Überschüsse gingen als Einlage an die Zentralbanken zurück. Heutzutage fließen digital per Knopfdruck am Abend die Geldströme zunächst nach New York und London, an die großen Finanzplätze, wo sie erst einmal über Nacht gewinnbringend arbeiten sollen – also da, wo die lukrativste Zinsmitnahme bzw. Kursgewinn über Nacht ohne großes Risiko gegeben ist. Auch wenn es nur 1 Prozent oder weniger ist, aber von den großen Summen ein schönes Mitnahmegeschäft. Das heißt, es wird digital Geld aus Einlagen generiert und damit ein wenig gepokert. Die Banken haben ihr Eigeninteresse und treiben auch wieder munter ihre Spielchen. Das Geld steht nicht mehr vordergründig für die nationale Nachfrage von Privat, Industrie und Gewerbe zur Verfügung, also zur Darstellung der Realwirtschaft. Ohne Kontrolle und kompetente Regulierung aller Finanzmärkte als Spiegel der Realwirtschaft durch internationale, staatliche Stellen kommen wir nicht mehr weiter. Banken müssen unter restriktiver Aufsicht dieser Behörden stehen und sollten nur (wie früher) Servicefunktionen durchführen, das heißt Kontenführung, Ein- und Auszahlungen, Kreditvergabe und klare, nachweisbare An- und Verkaufsaufträge von Kunden. Die Geld-/Kapitalhoheit einschließlich der Verteilung und Generierung muss aber in staatlicher Hand liegen.

Private Banken können nur mit ihrem eigenen Vermögen haften und nicht mit dem Geld der Kunden. Das heißt, größere Kredite und Finanzierungen müssen mit der Zentralbank abgestimmt bzw. von dieser genehmigt werden. Ansonsten darf die Summe ihrer Verbindlichkeiten ihr Eigenkapital nicht übersteigen. Die Eigenkapitalquoten müssen darüber hinaus weiter erhöht werden, auch wenn dadurch weniger Boni an die Vorstände gezahlt würden. Zum Schutz der Kunden brauchen wir ein striktes Verbot von Eigengeschäften der Banken und Ausschluss jeglicher staatlicher sowie Kundenhaftung. Die Banken müssen sich als transparent arbeitender Servicepartner ohne Spekulationskomponente verstehen und darstellen.

Das alles ist aber nur mit einer Systemumstellung zu erreichen. Das heißt, die Generierung von Giralgeld durch die Banken wird beendet und das Buchgeld wieder durch ein Vollgeldsystem ersetzt. Das Buchgeld ist eh nur digital auf den Konten der Banken und deren Kunden gebucht. Das Vollgeld ist gesetzliches Zahlungsmittel und wird nur durch die Zentralbank (Staatsbank) und/oder auch der EZB generiert und ausgegeben und über die Banken in einen nachvollziehbaren Kreislauf gebracht. Die Banken selbst dürfen dann kein Giralgeld mehr generieren und müssen sich bei der Zentralbank eindecken. Das neue Vollgeld schließt umlaufendes Bargeld und Buchgeld (Giralgeld) ein. Vollgeld ist ein Rechtsanspruch an den Staat bzw. die Zentralbank, während das alte Buchgeld oder Giralgeld der Banken nichts weiter als ein Zahlungsversprechen ist/war.

Vielleicht könnte der bedauerliche Brexit und die damit verbundenen Umstellungen diesen Prozess beschleunigen.

Weitere und detaillierte Erläuterungen zum Vollgeld findet der geneigte Leser im Netz in der Vollgeld-Broschüre von Prof. Joseph Huber bzw. Monetative e.V. und natürlich bei Wikipedia. Das Reinschauen lohnt sich.

Die Börsen müssen zu ihrer traditionellen Bestimmung als Handelsplatz zurückgeführt werden. Sie waren nie Wettbüros, sondern es wurden schon in alten Zeiten nur Ware gegen Ware oder Geld geboten bzw. angeboten. Später erledigten das dann zugelassene Makler, die im Kundenauftrag ein- und verkauften. Es kann doch nicht sein, dass wir immer wieder Meldungen hören und sehen wie: „ Unternehmen X meldet größeren Stellenabbau und die Börse honoriert mit einem deutlichen Aktiensprung nach oben." Wollen wir mit solchen perversen Mechanismen weiterleben? Professionelle Spekulanten sollten keine Börsenzulassung erhalten. Zocken sollte nur im privaten Rahmen von registrierten Personen, nicht bei Unternehmen und nur mit privatem Vermögen und mit nachgewiesener Herkunft des Geldes möglich sein. Natürlich auch, um hierbei Geldwäsche zu verhindern.

Wetten und Spekulationsgeschäfte wie Leerkäufe und -verkäufe, Termingeschäfte etc. sowie andere „Eigengeschäfte", Derivate, hoch lukrative Waffensystemgeschäfte, Abbau seltener Bodenschätze, Nahrungs- und Energie gehören nicht in die Hände von Spekulanten. Es wäre besser, sie in der heutigen Art ganz abzuschaffen und wieder zu traditionellen Geschäften zurückzukehren.

Die Schattenbanken mit ihrer fehlenden Transparenz und ähnliche Institutionen sollten komplett aufgelöst bzw. das Geschäftsmodell ausgetrocknet werden. Die steuerliche Geltendmachung von Spekulations- und normalen Kursverlusten von institutionellen und Privatinvestoren darf es nicht mehr geben. Es ist nichts anderes als ein Spielkasinoverlust.

Wir brauchen Transparenz und eine globale, lückenlose Kontrolle und Regulierung des Kapitalmarktes und des Geldflusses: Austrocknen und Ausschließen von Schlupflöchern und undurchschaubaren Finanznischenprodukten sowie Schließung von deren Marktplätzen (wie Kanalinseln, Caymans etc.).

Die gleichen Maßnahmen gelten auch analog für Spekulationsgeschäfte mit Energien, Rohstoffen, Nahrungsmittel und anderem Allgemeingut. Hier ist die Politik, das heißt, hier sind wir gefragt.

Das alles hört sich sehr restriktiv an, aber haben wir eine andere Wahl, wenn wir ernsthaft eine gerechtere, humanere Welt wiederherstellen wollen?

Die Aufgabe der verbleibenden Banken ist die transparente Kapitalversorgung der Realwirtschaft und der Allgemeinheit, sprich der Bürger und Unternehmen. Nicht mehr, aber auch nicht weniger.

Zunächst aber sollten die Notenbanken in Asien, Europa, den USA, wie z.B. Fed, EZB, allerdings mit dem unkontrollierten Gelddrucken zur Stützung des maroden (Geld-/Bank-) Systems aufhören und wieder ein Vollgeldsystem einführen. Gewinner der Spekulationen sind nur die großen Spieler.

Die arbeitende Bevölkerung arbeitet immer mehr und kann sich immer weniger leisten. Der Verlust der Kaufkraft wird immer deutlicher. In Deutschland konnte ein Alleinverdiener bis in die 80er-Jahre eine Familie ernähren, mit Wohnung, Auto und Urlaub. Auch wenn wir das Gefühl vermittelt bekommen, alles läuft gut und die Inflation ist gering: Am Ende bleibt uns weniger als im Vorjahr. Schuld daran ist die Inflation, eine Zeche, die wir Verbraucher zahlen müssen.

Die uns vorgestellte Quartals- oder Jahresinflationsrate von 1 bis 4 Prozent und deren Warenkorb entspricht nicht der Realität unseres Verbrauchs, den veränderten Gewohnheiten und Konsum. Wir müssen zwischen der Kerninflation, das heißt dem staatlichen Warenkorb und der tatsächlichen Inflation unterscheiden. Hier fehlen viele Kostentreiber wie z.B. Energien, Steuern und Abgaben sowie andere Wirtschaftsgüter wie Wohnen, Auto und Urlaub mit hoher Teuerungsrate und andere Lebenshaltungskosten. Der Kernwarenkorb ist also politisch stark geschönt und die tatsächliche Inflation wird je nach persönlicher Lebenssituation wahrscheinlich bei gut 10 Prozent liegen. Die Mär von der drohenden Deflation ist nur eine Erfindung von Herrn Dragi.

In den letzten 10 bis 30 Jahren haben sich die Preise für viele Dinge wie z.B. Autos, private Immobilien u.v.a. weit mehr als verdoppelt. Die Einkommen von Normalverdienern bzw. Familien konnten da nicht mithalten. Da helfen auch die vielen Billigprodukte aus Asien nicht. Außerdem sind sie auch nur durch Ausbeutung des Produktionsfaktors Arbeit und staatlicher Subventionen so günstig darstellbar. Nur die Zahl der Milliardäre hat sich in den letzten zehn Jahren vervierfacht. Bei den Millionären ist die Zahl sogar deutlich höher. Sie wissen, wo das herkommt bzw. wo es heute fehlt!

Das erhöhte Gelddrucken der Notenbanken und die dramatische Zunahme der Weltverschuldung der letzten 40 Jahre ist sehr besorgniserregend. Beschleunigt wurde unsere Misere jedoch durch den Crash von 2008, bei dem die Staaten Billionen in die maroden Banken gestopft haben. Darüber hinaus wurden gewaltige Summen aus allen vorgesehenen Konjunktur- und Förderprogrammen nicht wie vorgesehen in die Wirtschaft und den Arbeitsmarkt investiert, sondern gingen ebenfalls zur Rettung der maroden Banken drauf. Mit neuer Verschuldung und weiterem Gelddrucken.

Vom alten Keynes wissen wir das höhere Geldmenge = steigende Inflation = sinkende Zinsen bedeutet. Daran hat sich bis heute nichts geändert. Das heißt, der Staat hat höhere Sozialausgaben, macht mehr Schulden und zahlt aber dafür viel weniger Zinsen. Die Megaheuschrecken geben gerne die Kredite, an denen sie immer noch gut verdienen. Große Schieflagen einzelner Länder werden von den Staatengemeinschaften als Hilfe teilweise übernommen (siehe Griechenland).

Dass die Krise immer noch nicht ganz überwunden ist, zeigen die laufenden und aktuellen Crashtests der Banken durch die EZB und nationale Aufsichtsbehörden. Die Schulden und Haushalte der Kommunen und Staaten sind in den letzten 40 Jahren dramatisch gestiegen und betragen ein zigfaches des Bruttosozialproduktes. Anfang 2015 soll der aktuelle Schuldenstand aller Staaten rund 200 Billionen USD betragen haben.

Im Grunde sind die Schulden von vielen Staaten nicht mehr zurückzahlbar und werden nur mit dem Argument der volkswirtschaftlichen Leistungsfähigkeit des Landes so belassen. Am Beispiel Griechenland wird das gesamte Thema gut sichtbar. Auch hier soll Goldman Sachs im Vorfeld involviert gewesen sein.

Schuld daran sind auch unsere „fiat"-Währungen (*fiat* aus dem Lateinischen = es möge entstehen/werden), die aufgrund fehlender Golddeckung durch nichts als Vertrauen gedeckt sind. Wenn das Vertrauen schwindet, ist das Geld nichts mehr wert. Wir kennen das in Deutschland aus den 20er-Jahren des vorigen Jahrhunderts. Zu vielen Zeiten hatten wir eine Koppelung des Papiergeldes an Gold oder an vergleichbare, wertbeständige Metalle oder Edelsteine. Dies gab eine verhältnismäßige Sicherheit. Staaten konnten ihren Haushalt nur aufblähen = Schulden machen, wenn sie Gold verkauften. Und das war Abschreckung genug zur Haushaltsdisziplin – wie in einem privaten Haushalt oder in gesunden Unternehmen. Ich kann nicht mehr ausgeben, als ich einnehme. Das hat sich über Jahrtausende bewährt.

Nach den Inflationen und den Wirren der 10er bis 30er-Jahre des letzten Jahrhunderts und der enormen Kosten der letzten Kriege hatten sich 1944 in Bretton Woods (New Hampshire) zunächst 44 Nationen geeinigt, wieder eine an Gold gekoppelte Währung zu schaffen, mit dem USD als Leitwährung. Eine Unze Feingold entsprach 35 USD. Man einigte sich auf fixe Wechselkurse untereinander und zum USD. Die Geldumlaufmenge war entsprechend in Gold bei der Fed (Zentralbank der USA) hinterlegt. Alle hatten das Recht, Währung gegen USD oder auch gegen entsprechendes Gold aus der Fed zu tauschen, sodass alle Währungen dadurch an Gold gekoppelt waren.

Die Freude währte nicht lange. Mit dem Eintritt in den Vietnamkrieg ließ Nixon 1971 wieder die Geldpressen anschmeißen. Das führte wiederum sehr schnell zum Vertrauensverlust der angeschlossenen Partnerländer, die ihre Goldreserven von der Fed zurück haben wollten. Daraufhin gab es einen Erlass von Nixon, die Goldkoppelung des USD „zum Schutz vor Spekulationen" aufzuheben. Dabei ist es dann bis heute geblieben. Und die Geschichte nahm wie oben beschrieben ihren Lauf.

Wir sehen, um die schon zuvor beschriebene Umstellung unseres Geldsystems und damit Entmachtung der Geschäftsbanken zugunsten der Zentralbanken kommen wir früher oder später nicht herum, was mehr als legal ist. Eine Gesetzesänderung aufgrund der Fehleinschätzungen und Entwicklungen des Kapitalmarktes muss geschaffen werden. Die Frage ist: Wollen wir den totalen Kollaps abwarten oder gibt es weltweit genug Vernunft und Mut, die notwendigen Schritte zeitnah zu unternehmen?

Am einfachsten wäre hierbei die schon zuvor beschriebene Umstellung von Giralgeld auf Vollgeld. Golddeckung unserer Währungen, Deckelung der Staatsschulden und Ausgaben. Sukzessive Kontrolle der Banken und deren Aufgaben. Aushebung aller Verflechtungen und einfrieren von allem, was nicht der Realwirtschaft dient. Die Realwirtschaft selbst, mit allen Teilnehmern, bleibt natürlich außen vor. Es geht nur um den „zweiten" spekulativen und volkswirtschaftlich unproduktiven Kapitalmarkt.

Dazu gehört aber auch eine gerechte Umverteilung – wir müssten hier schon einige Jahrzehnte zurückgehen. Zusätzlich brauchen wir Konjunkturprogramme zur Stärkung und Neuevaluierung des Faktors Arbeit.

Natürlich gehört hierzu auch die sukzessive Entschuldung der Staaten und Bereitstellung von Mitteln für Bildung und andere wichtige Aufgaben. Hinzu kommt noch der enorme Nachholbedarf bei vielen öffentlichen Instandhaltungen, gerade bei Schulen, Brücken und Straßen.

Andererseits sagen aber auch viele Stimmen, dass gerade der Zusammenbruch (Threat) eine gute Seite haben kann, wie z.b. eine neue gerechtere Verteilung und Umschichtung, was wir zum Teil auch aus der strategischen Analyse und Planung kennen. Aber Vorsicht, der Schuss kann auch nach hinten losgehen und verheerend sein. Deshalb sollten wir den sicheren, aber unbequemeren Weg gehen und die Umstellung unseres Geldsystems auf Vollgeld vollziehen. Damit erreichen wir automatisch die gewünschte Kontrolle zurück.

1.2 Neubewertung des Faktors Arbeit

Der Produktionsfaktor Arbeit muss bezüglich Leistung, den erworbenen Kenntnissen und Fähigkeiten, Arbeitsaufwand und Arbeitsbedingungen sowie den Lebenshaltungskosten und dem Kapitalertrag angemessen angepasst werden. Das heißt, er muss neu gewichtet und an Wertigkeit dem Kapital gleichgestellt sowie dauerhaft geschützt und geachtet werden. Es darf keinen Bewertungsunterschied in der Gesellschaft und auch seitens des Kapitals zwischen Wertigkeit (Ertrag) von Kapital und Arbeit geben. Das heißt aber nicht, wir sind alle gleich und haben das gleiche Einkommen, das wäre utopisch. Wir sehen ja, wohin das in den großen kommunistischen Systemen führt. Das ist und kann der Mensch nicht. Aber Ausgewogenheit und gerechte Verteilung könnten wir schon mit ein wenig Aufwand darstellen. Es ist sogar ein absolutes Muss!

Was wir brauchen, ist eine angemessene, gewichtete Entlohnungsformel für den Produktionsfaktor Arbeit in allen Gruppen – angefangen beim Arbeiter, Angestellten, Beamten, Politiker, Manager bis hin zum Vorstand etc. privater und öffentlicher Arbeitgeber (Unternehmen, Behörden, Institutionen und andere Dienstleister etc.). Wobei die Gruppe der Beamten ein alter Zopf ist, der abgeschnitten werden sollte, denn die Beamten erbringen die gleichen Leistungen wie ihre angestellten Kollegen.

Eine Expertenkommission könnte eine gerechte, ausgewogene und transparente Entlohnungsformel als Leitlinie für die o.g. Gruppen entwickeln und diese jährlich anpassen und veröffentlichen. Die großen Kapitaleinkünfte müssten allerdings über die Besteuerung, also von der Politik, angepasst werden.

Besonderes Augenmerk bei diesem so wichtigen Schritt zu mehr Gerechtigkeit und friedlicherem Miteinander für uns Menschen gilt besonders der Anpassung der unteren und mittleren Einkommen. Die Notwendigkeit von Zweitjobs und permanenten Überstunden zur Versorgung der Familie darf es nicht mehr geben. Ohne diese Umverteilung und eine gerechtere Besteuerung wird es auf Dauer keine friedliche Welt und keinen Fortbestand der Menschheit geben.

Vor langer, langer Zeit hatten wir das schon einmal. In unseren Anfängen, im Stammes- und Familienverbund mit seiner flachen Hierarchie, wurden die Erträge aus Jagen, Sammeln, und später Ackerbau, Viehzucht und Handwerk mehr oder weniger gerecht verteilt bzw. getauscht. Durch den menschlichen Erfinder- und Entdeckergeist kamen wir zu Schwert und Beil und lernten statt zu gehen auch zu reiten.

Hierdurch kamen die Völkerwanderungen und Vermischungen schneller voran. Es entstanden auch schon zu Urzeiten Räuberbanden, die statt zu arbeiten, aus Bequemlichkeit, Gier und krimineller Energie durch Plünderungen von Sesshaften und Dorfgemeinschaften ihren Lebensunterhalt sicherten. Wir Menschen sind wohl so gestrickt.

Goethes Gedicht „Das Göttliche" zeigt, dass der Mensch auch schon in alten Zeiten nach besserem, humanerem Lebenswandel gestrebt hat. Aber wir wissen, dass „edel sei der Mensch, hilfreich und gut …" auch schon damals nicht wirklich funktioniert hat. Wir Menschen können diese Tugenden leider nur bei größtmöglicher Transparenz und Kontrolle sowie Sanktionen darstellen. Das Ungleichgewicht entstand erst langsam aus dem Wachstum der Populationen, der Entdeckung der Gier und wie man sie befriedigen konnte. Es wurden Dörfer und Städte etc. gegründet, die versorgt und geschützt werden mussten. Die Zeit der flachen Hierarchien und der relativen Gleichheit war vorbei. Die Gebiete wurden jetzt von Fürsten oder Königen geführt und die Bedeutung der Familienclans und Stammesfürsten ging zurück und es kam zu neuen Strukturen und Hierarchien. Notwendige Verwaltungen wurden aufgebaut, einschließlich der Steuereintreiber sowie Schutz- und Sicherheitsvorkehrungen. Das kostet natürlich viel Geld und die Fürsten wollten gut leben, großzügig wohnen mit entsprechendem Personal, und das kostete richtig viel Geld. Das heißt, mit der relativen Gleichheit der Menschen war es nun erst mal vorbei.

Wir können daraus schließen: Je komplexer die Hierarchien und Strukturen werden und je weiter die Distanz von der untersten zu obersten Stufe, desto weniger kommt bei der Verteilung der erwirtschafteten Leistung unten an. Nur wird in den unteren und mittleren Ebenen die überwiegende Leistung in Form von Arbeit erbracht. Andererseits hilft vielleicht damals wie heute die große Distanz der oberen Ebenen zum anonymen „Unten", sich nicht mit dem großen Ungleichgewicht auseinandersetzen zu müssen, und schützt darüber hinaus auch gegen ein eventuell schlechtes Gewissen.

Aktuell zu diesem Thema gibt es eine Studie der Hans-Böckler-Stiftung, über die der Kölner Stadt-Anzeiger in seiner Ausgabe am 07.10.2016 informierte. Demnach verdienen die Vorstände von DAX-Unternehmen aktuell 57-mal so viel wie der Durchschnitt aller Mitarbeiter. Je nach Unternehmen kann das auch bis zu 141-mal so viel sein. Das sogenannte „Manager to Worker Ratio" ist in den letzten zehn Jahren nochmals deutlich zugunsten der Manager gestiegen. Wir dürfen nicht davon ausgehen, dass sich dieses Verhältnis im nächsten Bericht im Herbst 2017 zu Gunsten der Mitarbeiter verändern wird.

Ich glaube, dass es sich bei der Gier wie auch bei der kriminellen Energie um menschliche Phänomene handelt. Mit diesem Thema sollten sich die hierzu berufenen Spezialisten ruhig einmal näher auseinandersetzen. Vielleicht gibt es doch Lösungsansätze, auch außerhalb der Vernunft. Bei den Wetterphänomenen suchen wir ja auch nach weiteren Erklärungen.

Irgendwie kommt einem das alles bekannt vor. Es hat sich wohl bis heute in Verwaltung und Wirtschaft nicht viel geändert. Ein relatives Gleichgewicht lässt sich wohl nur durch Kontrolle und Transparenz in flacheren Hierarchieformen oder in kleineren, effizienten Einheiten erreichen.

Ich glaube es kommt daher nicht von ungefähr, dass heute viele Unternehmen und auch Verwaltungen daran arbeiten bzw. Unternehmensberatungen damit beauftragt sind, Unternehmensstrukturen zu vereinfachen und Hierarchien flacher zu gestalten. Hier spielt natürlich auch die Notwendigkeit von schnellerer Kommunikation und Entscheidungsfluss, mehr Transparenz für Kunden und Bürger sowie das hohe Einsparpotenzial eine große Rolle. Wir benötigen dringend die neuen Entlohnungsformen, Rahmenbedingungen und rechtliche Grundlagen als Herausforderung zur gerechten Kontrolle und Anpassung. Das schließt die Abschaffung aller Arten der modernen Sklaverei ein. Hierbei geht es nicht nur um die überwiegend chinesischen Auswüchse, die wir aus Afrika und teilweise aus Südamerika kennen. Dort werden unter der Fahne der Entwicklungshilfe Infrastruktur geschaffen und Fabriken zur Rohstoffgewinnung und Aufbereitung (wieder) aufgebaut. Doch überall da, wo es was zu holen gibt, also bei der Wertschöpfung, sprich Vermarktung, sind die chinesischen Partner am Zuge. Für lokale Kräfte gibt es nur Handlangerarbeiten in den hermetisch abgeriegelten Fabriken – also vermutlich noch schlimmer als in den alten Kolonialzeiten. Eine neue Form des Neokolonialismus zur Rohstoffsicherung.

Aber auch das europäische und amerikanische „Produktions Hopping", also das Auslagern von Produktionen in immer wieder neue Standorte, stirbt nicht aus. Mindestlöhne unter 5 Euro wie z.B. in Osteuropa, Asien und Südamerika haben nach wie vor eine hohe Anziehungskraft. Es gibt leider immer wieder auch bekannte große Unternehmen, die nach noch günstigeren Arbeitslöhnen und Bedingungen suchen. Um die Lebens- und Arbeitsbedingungen der Arbeitnehmer kümmert sich keiner. Nach wie vor sind u.a. Textil, IT und andere Servicefunktionen sowie Möbel/Holz vertreten. Hinzu kommt noch, dass bei der Fertigungsauslagerung bestimmter Branchen auch Rohstoffbeschaffung wie z.B. Rodung durch Dritte mit dubiosen Zertifikaten eingeschlossen werden kann. Sehr schwer zu kontrollieren, auch wenn wir wissen, wer es macht.

Die Verschiebung von Produktionsstätten, also auch Arbeitsplätzen in andere Regionen oder Länder, nur wegen günstiger Arbeitskräfte oder Besteuerung, dürfen wir nicht mehr zulassen, ein absolutes „No Go"!

Ich halte diesen Punkt für besonders wichtig, da wir hier die Ursache für Verarmung und Niedergang ganzer Regionen und sogar größerer Städte überall auf der Welt immer wieder erleben. In Deutschland sehen wir das besonders im Ruhrgebiet, dem früher größten Industriegebiet, sowie im Osten in den früheren Industriestandorten der DDR. Aber auch in Belgien und Frankreich gibt es ähnliche ungelöste strukturelle Probleme.

Ich verstehe hierbei die Politik nicht. Die Entwicklungen waren schon lange bekannt, aber es wurde von Anfang an nicht wirklich unterstützt, aufgeklärt und gegengesteuert. Der Ausverkauf auf „Teufel komm raus" nach dem Mauerfall durch die Treuhand war ein Paradebeispiel, wie man es nicht machen sollte. Über die Konsequenzen dieser Maßnahmen wurde wohl im Taumel der Wiedervereinigung nicht nachgedacht. Im Nachhinein muss man sich fragen, warum man im Osten Deutschlands so viel verschenkt und zerstört hat, nur um auf die Schnelle die veralteten Industriestrukturen dort aufzulösen. Warum wurde aber so wenig Neues geschaffen und in Ertüchtigung, Modernisierung bzw. Anpassung der Umweltstandards investiert?

Mit fachlich geeigneterem Personal aufseiten der Treuhand wäre wohl vieles besser gelaufen. Bei den vielen Geschenken hätten auch Bedingungen zum Neuaufbau und zur Umgestaltung der Industrie- und Gewerbestützpunkte an die Käufer gestellt werden müssen! Statt alles zu verramschen, wäre sogar mit Finanzierungshilfen durch den Bund für die Käufer, unter den o.g. Bedingungen, vieles viel günstiger für die Staatskasse ausgegangen. Aber nicht nur für die, auch für die Menschen in den betroffenen Regionen, von denen sehr viele ihre Arbeit verloren haben. Unbewusst wurde damit dem rechten Rand und anderen Rechtspopulisten zugespielt. Wie bzw. wann sollen die Menschen in diesen Gebieten wieder ihr eigenes Geld verdienen können und Jugendliche eine Perspektive haben und nicht in großen Teilen von der „Stütze" leben müssen?

Mit der Zeit bricht bis auf Ausnahmen immer mehr zusammen. Ein besseres Spielfeld können wir Populisten, Demagogen und Nationalisten nicht anbieten. Dafür gingen Unsummen in die Modernisierung der Städte und Infrastrukturen. Natürlich hilft das dem

Tourismus und macht vieles attraktiver, aber die verlorenen Arbeitsplätze und damit auch Kaufkraft können dadurch nicht kompensiert werden. Wir dürfen diese Gebiete nicht aufgeben, sondern unser Augenmerk sollte auf der Ansiedlung vor weiteren Industrie- und Gewerbestandorten liegen. Dabei ist auch die stärke Präsenz der etablierten demokratischen Kräfte gefragt. Wir müssen in diesen Teilen der Welt wieder eine offene demokratische Gesellschaft mit sozialer Verantwortung etablieren. Vielleicht können sich die Kirchen hierbei auch (noch) stärker engagieren.

Nationalisten schrecken aber nicht nur Demokraten, also die offene Gesellschaft ab, sie schaden auch unseren Volkswirtschaften, da durch diese Kräfte auch internationale Investoren abgeschreckt werden. Und wo werden diese nicht gebraucht? Überall auf der Welt haben die Populisten bei solchen Gemengelagen ein leichtes Spiel. Es ist einfach, in Regionen mit hoher Arbeitslosigkeit Menschen mit weiterer Verarmung, Überfremdung und anderen Schreckensbildern auf ihre Seite zu ziehen. Oft reicht auch schon, bei nationalistischer Grundstimmung, ohne jedes Konzept, die Träume einer großen Nation oder Region wiederzubeleben. In Wahrheit gibt es aber meistens weder die Ressourcen noch das Potenzial hierzu.

Am Ende des Tages gilt es einfach nur das Ego bzw. die Machtgelüste der Demagogen und deren Anhang zu befriedigen. Die Parolen vom sogenannten Volk sind nur Makulatur. Die paar Tausend Leute sind nicht das Volk, da fehlen noch viele, viele Millionen. Wir leben in einer sehr verzahnten Wirtschaft und Welt. Wir sollten uns in einer solchen Lage besser auf unseren Platz und unsere Aufgabe im Gesamtrahmen konzentrieren und unser Potenzial im Rahmen unserer Möglichkeiten, auch wenn sie noch so bescheiden sind, ausnutzen und wahrnehmen. Die Regionen müssen sich wieder attraktiv machen und das nach draußen in die Welt kommunizieren. Dann gibt es wieder gute Möglichkeiten, verlorene Arbeitsplätze und Terrain wiederzugewinnen. Das gelingt uns aber nur, wenn wir uns statt um Parolen, um die notwendige Verbesserung von Infrastruktur, Bildung und Schulen, Kindergärten, Sportplätzen, Ärzten, Polizei, Sicherheit, öffentlichem Nahverkehr etc. und offene demokratische Strukturen kümmern. So können wir uns in den Städten und Gemeinden wieder attraktiv darstellen und weiteres Abwandern von Bürgern und Gewerbe, sprich Arbeitsplätzen zu verhindern und neue dazugewinnen.

Die o.g. Maßnahmen und Hilfestellungen gelten natürlich auch für das Ruhrgebiet. Wir wissen, dass Kohle ein Auslaufmodell und als Energieträger höchst umweltschädlich ist. Es besteht Handlungsbedarf, und wir können uns die Kohle in der regionalen Politik nicht schönreden, auch wenn das einige Spitzenpolitiker immer wieder und immer noch tun. Das Thema lässt sich so nicht lösen. Wir brauchen in den betroffenen Gebieten Neuansiedlung von Gewerbe und Industrie sowie Rückbau bzw. Abbau von stillgelegten Gruben und anderen Altlasten. Sonst entstehen abschreckende Geisterlandschaften, die höchstens unerwünschte Elemente anziehen, aber keine Investoren. Wir müssen für die betroffenen Regionen etwas tun. Jetzt!

Die große Politik muss sich um diese wirklich wichtigen Themen kümmern und Städte und Gemeinden bei der Wiederansiedlung von Gewerbe und Industrie unterstützen. Das heißt natürlich auch, deren Abwanderung in „Billiglohnstandorte oder Steueroasen" mit allen Mitteln zu verhindern. Ohne Arbeit geht alles den Bach herunter, und das sehen wir überall auf der Welt.

Andererseits müssen wir international operierenden Unternehmen zugestehen, bei entsprechender Nachfrage sich kunden- und verbrauchernah aufzustellen und weitere zusätzliche Produktionsstätten zu eröffnen. Denn schon alleine aus Umweltgründen macht es keinen Sinn, dauerhaft Waren um die halbe Welt zu schippern.

Modernen Kolonialismus gibt es aber wieder überall in Europa, auch in Deutschland. Das fängt mit dem leidigen Thema Leiharbeit und Zwangsprostitution an und geht nahtlos in die Werkverträge, die neueste Masche der Versklavung und Verachtung menschlicher Arbeit, über. Hier reden wir nicht nur über renommierte Firmen wie Mercedes und andere namhafte Unternehmen, sondern vor allem über Auswüchse im Bereich Lebensmittel und besonders in Schlachthöfen und Fleischfabriken. Es ist eine Schande, was hier von der Kapitalseite passiert und vom Gesetzgeber (noch) weitestgehend toleriert wird. Darüber hinaus zerstören wir damit traditionelle Strukturen in Nachbarländern und spielen damit Marine Le Pen und anderen Rechtsextremen und Populisten in die Hände.

Im Grunde ist der Werkvertrag eine uralte Form der Kooperation und geht auf römisches Recht zurück. Vor allem wurde er u.a. in der Bauwirtschaft schon im Altertum z.B. bei Kirchen und anderen komplexen, größeren Bauten angewandt. Daneben kennen wir ja noch die fahrenden Handwerkerker (Gesellen), die sich nach ihrer Ausbildung als Spezialisten auf Zeit oder für ein Gewerk verdingten. Das heißt, schon früher wurden einzelne Gewerke an Spezialisten übergeben. Diese übernahmen einzeln oder in der Gruppe die volle Verantwortung für die Erstellung des Gewerks (Werks). Jedoch wurden diese

spezialisierten Handwerker, die oft von weit her kamen bzw. geholt wurden, weit besser entlohnt (in
verschiedenen Formen) als die für die allgemeinen
Aufgaben tätigen örtlichen Handwerker und Tage-
löhner, die es wohl schon immer gab. Heute wird der
Werkvertrag, wahrscheinlich nicht nur in Deutschland, jedoch anders eingesetzt und zwar zur Ge-
winnmaximierung: z.B. in den 70er-Jahren zur Umgehung des Anwerbestopps ausländischer Arbeitnehmer nach den Boomjahren. Statt „teure" lokale
Arbeiter wurden mit Werkverträgen befristet Arbeitskräfte überwiegend aus Ost- und Mitteleuropa eingesetzt. So konnten die deutsche Tariflöhne und das
Arbeits- und Sozialrecht unterlaufen werden, da es
auf diese Arbeitnehmergruppe nicht zutraf: Gewinn-
maximierung und Flexibilität zulasten des Fiskus und
der Sozialkassen.

Der Bedarf an diesen Arbeitskräften ließ aus verschiedenen Gründen nach und erstarkte erneut im
Zuge der Wiedervereinigung u.a. in der Bauwirtschaft. Die deutsche Regierung verschärfte mit Ende
des Baubooms den häufigem Missbrauch bei der
Einstellung ausländischer Arbeitnehmer mittels
Werkverträgen vor dem Hintergrund der hohen Ar-
beitslosenzahlen. Anfang 2000 wurde dann Lohn-
dumping und absolute Flexibilität durch Leiharbeit
favorisiert. Nachdem der Gesetzgeber die gleiche
Bezahlung bei gleicher Arbeit bei Festargestellten

und Leiharbeitern verabschiedet hatte, verlor die Leiharbeit an Bedeutung. Der Werkvertrag, oft auch Scheinwerkvertrag, erlebte wieder eine Renaissance. Stammpersonal wird durch günstigere, meist osteuropäische Arbeitskräfte ersetzt. Heute findet man dies neben dem traditionellen Baugewerbe unter anderem im Handel (Regal- und Lagerauffüller), im Hotel- und Gaststättenbereich, bei Reinigungs-, aber auch bei renommierten Industriebetrieben unter anderem mit ausgelagerter IT, Kantinen und anderen „Gewerken". Vielfach handelt es sich um Scheinwerkverträge, denn die Arbeit findet in den Räumen des betreffenden Unternehmens mit deren Gerät und deren Weisungsbefugnis statt.

Ich glaube, auch an diesen Beispielen wird die Schieflage des Produktionsfaktors Arbeit zum Kapital mehr als deutlich. Hinzu kommen noch die Steuer- und Sozialversicherungsverluste, die der Allgemeinheit fehlen. Die schlimmsten Zustände werden jedoch immer wieder und immer noch an Deutschlands Schlachthöfen gemeldet. Hier sollen 50 bis 80 Prozent der Beschäftigten in Werkverträgen arbeiten. Trotz neuem Mindestlohn soll die Gesetzgebung nach wie vor unterlaufen werden – unter anderem durch falsche Stundenzettel (es wird weniger abgerechnet als geleistet), unangemessene Aufschläge für Arbeitskleidung und deren Reinigung sowie Kosten für sogenannte „Unterbringung", die wir uns nicht einmal von Weitem ansehen würden.

Auch wenn sich die Situation etwas verbessert hat, brauchen wir hier eine starke Hand des Gesetzgebers und effizientere Kontrollen zum Schutz der arbeitenden Bevölkerung. Leider gibt es doch so viel mehr schwarze Schafe in der Unternehmerschaft, als wir uns vorstellen können. Der Gesetzgeber ist leider bei Leiharbeit und Werkverträgen noch immer sehr halbherzig. Denn welche Vorteile haben Arbeiter in Werkverträgen vom gleichen Lohn für alle, aber erst nach neun Monaten, wenn deren Verträge im Regelfall nur sechs Monate laufen? Irgendwie stimmt da etwas nicht. Auch darum brauchen wir eine neue Einstellung zu unserem Planeten Erde, unseren Mitmenschen und allen Lebewesen. Wir tragen Verantwortung und sind rechenschaftspflichtig für unser Handeln. Durch mehr Geld und Gier erlangen wir keine höhere Wertigkeit, im Gegenteil.

Nicht zu vergessen die Zwangsprostitution. Wie wir alle zwischenzeitlich wissen, war die Freigabe der Prostitution in Deutschland nicht der erhoffte Befreiungsschlag für das älteste Gewerbe der Welt. Auch wenn sich für einige wenige die Situation verbessert hat, so haben sich frühere Schutzmaßnahmen und Eingriffmöglichkeiten verschlechtert. Nur die Bordellbetreiber und ihre Helfer verdienen wirklich –

ohne Schuldgefühle. Der Zwangsprostitution sind Tür und Tor geöffnet. Der Gesetzgeber muss hier dringend handeln, vieles an Freizügigkeit zurückdrehen, den Schutz und die Eingriffsmöglichkeiten erweitern und alle kriminellen Elemente dauerhaft aus dem Verkehr ziehen. Es muss diesem Gewerbe die Attraktivität für die Randfiguren wie Zuhälter, Bordellbetreiber und anderen Banden entzogen werden. Das älteste Gewerbe der Welt braucht ein neues, zeitgemäßes und zeitgerechtes Umfeld, ohne Gewalt und Drogen.

Am Rand der Gesellschaft, in der Schmuddelecke, sind immer Tür und Tor für die Kriminalität offen. Die aktuellen ersten Schritte zur Besserung reichen leider nicht aus. Noch ein Thema für die Politik, besser gesagt für uns alle. Das gilt eigentlich auch für die Drogen und Waffen. Hierzu an anderer Stelle mehr.

Die Überbewertung des Geldes herrschender Klassen und mangelnder politischer Schutz der arbeitenden Menschen führte zur dauerhaften Unterbewertung der Arbeitskraft und damit zur Ausbeutung des Produktionsfaktors Arbeit. Das geschah nicht durch freiwilligen Lohnverzicht!!! In einer modernen, aufgeschlossen Welt ist das nicht mehr zu akzeptieren. Die Macht des Kapitals muss auf deren ursprüngliche Bedeutung sowie volkswirtschaftlichen Nutzen und Wert zurückgeführt werden. Auch die Politik will aktuell gegen die Gehälterexzesse und exorbitante Bonuszahlungen von Vorständen vorgehen, die gleichzeitig bei Lohnabschlüssen zum Maßhalten aufrufen. Hier geht es nicht um Ideologie, sondern um Vernunft und Humanität sowie die Sicherung des Fortbestandes unserer Welt. Das Recht, unter menschenwürdigen Lebensbedingungen zu leben, haben wir alle, ob arm oder reich, schwarz oder weiß und egal wo. Der Hebel muss hier angesetzt werden, wenn die Welt nicht aus dem Ruder laufen soll. Ein Gleichgewicht wird es nie geben, aber ohne weltweit halbwegs ausgeglichene Bilanz der volkswirtschaftlichen Wertschöpfung von Arbeit (körperlich/geistig), Rohstoffen u.a. Mitteln sowie Kapital können wir auf Dauer nicht leben. Es führt früher oder später zu Exzessen wie Krieg oder Revolution, die in der heutigen Zeit katastrophale Folgen haben können. Die Neuregelung des Geld-/Kapitalmarktes (siehe 1.1) und die frei werden Mittel könnten uns helfen, dies zu verhindern.

1.2.1 Arbeitsmarkt

Durch den technischen Fortschritt sind viele einfache Arbeitsplätze verloren gegangen und es werden noch mehr werden. Diese verlorenen Arbeitsplätze werden alimentiert. Der Bedarf an Dienstleistungen, wie z.b. im Bereich von Alten- und Krankenpflege, öffentlicher Sicherheit und Ordnung, Erhaltung und Unterhalt öffentlicher Anlagen, Schutz und Betreuung von Kindern und Jugendlichen und vieles andere, steigt jedoch ständig. Das heißt vom Personalbedarf in Rathaus und Verwaltung, Schulen über soziale Einrichtungen, Spielplätze, öffentliche Naherholung bis zu Wald und Grünanlagen und vielem mehr. Hier gäbe es genug Arbeit für alle, und jeder Arbeitswillige hat meines Erachtens ein Recht auf Arbeit. Was uns fehlt, ist die notwendige geistige Flexibilität und Bereitschaft, neue Wege zu gehen und umzudenken, um die vorhanden Ressourcen zu verknüpfen. Darüber hinaus könnten wir die derzeitige Diskriminierung dieser wachsenden Bevölkerungsgruppe aufheben. Evtl. könnten wir auch hier Flüchtlinge schneller einbinden, die nicht sofort einen Arbeitsplatz finden. Wir müssen mit Aus- und Weiterbildung, Umschulung, aber auch (geistiger) Flexibilität einen Ausgleich schaffen und die beiden Enden zusammenbringen. Es gilt die Situation zum Vorteil aller zu nutzen. Wir haben einerseits viele Aufgaben vor uns und andererseits ein großes Potenzial von arbeitswilligen Mitbürgern und Mitbürgerinnen ohne Arbeit. Trotz aller Vorbehalte sollten wir mit bedacht die Enden zusammenführen.

Wir dürfen uns nicht von aktuellen Misserfolgen, Häme oder populistischen Parolen und Unverständnis abschrecken lassen. Das heißt, wir müssen uns einfach von Vorurteilen befreien und ein neues Denken annehmen. Wir sollten uns schneller auf neue, veränderte Gegebenheiten einstellen und diese akzeptieren. Den Kopf in den Sand stecken und warten, bis irgendwer irgendetwas macht, bringt uns Menschen nicht weiter. Wir müssen die Probleme lösen, wo immer wir auch sind und was immer auch unsere Aufgabe ist. In den Problemen und mit den Problemen leben, oft über Jahre hinweg, bringt uns nicht weiter – im Gegenteil: Es zieht uns nur nach unten in Frust und Aggression. Wir brauchen Lösungen und sollten lernen, in den Lösungen statt in den Problemen zu leben!

Schon seit vielen Jahren diskutiere ich diese dringend notwendige Systemumstellung im Freundes- und Bekanntenkreis und habe festgestellt, wie schwierig das Umdenken in eingefahrenen Bahnen ist, sogar wenn man selbst nicht betroffen ist. Hier geht es um neue Dimensionen, ein neues System und nicht um punktuelle oder temporäre Maßnahmen. Da wir allen arbeitswilligen einen Arbeitsplatz zugestehen können und meines Erachtens auch müssen, brauchen wir unseren Arbeitsmarkt lediglich in zwei parallele Märkte, z.B. private und öffentliche Dienstleistung, A und B oder wie auch immer wir wollen, aufteilen. Wir sollten uns hier auch nicht im Vorfeld an der Namensgebung aufreißen. Statt

Transferleistungen, also Arbeitslosengeld oder -hilfe, wird ein leistungsgerechtes Entgelt für die geleistete Arbeit bezahlt (Workfare), das heißt Integration der Langzeitarbeitslosen mit neuen Aufgaben als arbeitende Bevölkerung in den öffentlichen Arbeitsmarkt.

Für Arbeitsunfähige/Kranke gelten die bisherigen Regelungen. Arbeitsunwillige sollten meines Erachtens jedoch nur eine Grundversorgung erhalten. Arbeitslosengeld ist nur an einen wieder zu vermittelnden Kreis im Arbeitsmarkt zu leisten. Alleinerziehende brauchen flexiblere Arbeitszeiten und müssen langfristig besser unterstützt und abgesichert werden – zum Wohl von Elternteil und Kindern sowie für uns alle. Das heißt eine pragmatische, gerechte und zeitgemäße Ausrichtung auf die Gegebenheiten und Bedürfnisse unserer veränderten Gesellschaft.

Die o.g. Problematik mit der sogenannten bedingungslosen Grundsicherung für alle, ohne Nachweis der Bedürftigkeit abzubilden, hört sich zwar sehr gut an, ist aber trotz hoher administrativer Einsparungen und Vereinfachungen zurzeit nicht der richtige Weg, da

1. ist sie nicht bezahlbar, da die Summe x-mal höher wäre als unsere gesamten Einnahmen,

2. diese Pauschalierung so nicht gerecht ist und früher oder später wird das wieder aufstoßen.

Unsere eidgenössischen Nachbarn haben sich aus diesem Grund bereits vor Kurzem in einem Volksentscheid gegen die bedingungslose Grundsicherung ausgesprochen. Ein Anspruch auf soziale Absicherung ist allerdings ein Muss, aber qualifiziert.

1.3 Energie, Rohstoffe und Nahrungsmittel

Eine besondere Kontrolle und Neugestaltung ist auch für die Energie-, Rohstoff- und Nahrungsmittelbörsen unerlässlich. Es handelt sich hier um sehr sensibles Allgemeingut und keine Spekulationsobjekte! Auch wenn die Nahrungsmittel nicht zu den klassischen Produktionsfaktoren gehören, habe ich sie bewusst wegen der vielen ähnlichen Schieflagen und hoher Sensibilität in diesem Abschnitt mit eingefügt. Wir wollen ja kein betriebswirtschaftliches Symposium abhalten, sondern herausarbeiten, wo uns der Schuh drückt, wo Handlungsbedarf besteht und was wir tun können und müssen. Wir brauchen ein globales Konzept und Konsens für Nahrungsmittel, Rohstoffe inkl. Wasser und Energiegewinnung, Verteilung, Nutzung und Preisgestaltung. Aber auch bei der Entsorgung braucht es neue globale, allgemein gültige Regeln und nicht ein Müllverschiffen in die Dritte Welt oder sonst wo hin, wo es gerade ein Schlupfloch gibt. Die ganzen Weltmeere sind schon voller Autoreifen, Müll und Plastik und sogar viele unbewohnte Inseln – nicht nur oberflächlich, sogar bis zu ein Meter Tiefe mehr Plastik als Sand. Furchtbar. Ich kann mich noch aus den Kindertagen erinnern, als es üblich war, Industriemüll mit Erde zuzuschütten und zuwachsen lassen.

Der Mensch ist offensichtlich nur bedingt lernfähig. Wir sind für unser Tun verantwortlich, auch für unseren Müll. Wir brauchen in einer gerechteren friedvollen Welt langfristig klare, eindeutige, zuverlässige und gerechte Verteilung, Preisgestaltung und Abbaukontingente und –verfahren, das heißt internationale Gesetzgebung und Kontrolle. Leider geht es bei uns Menschen nicht ohne die Kontrollen – ein scheußliches Wort. Doch nur wenn jemand hinguckt, ist durch Transparenz und Offenlegung unserer Aktivitäten das Ziel zu erreichen. Vielleicht gibt es ja mal ein Kraut gegen die menschliche Gier, denn bei anderen Erdbewohnern haben wir diese Ausprägung nicht. Wir könnten uns dann viele Kontrollen ersparen. Die notwendige Neugier, die wir u.a. zur Weiterentwicklung und zum Überleben brauchen, haben andere Spezies auch. Aber Habgier und den Drang nach immer mehr, auch ohne konkreten Bedarf, den ungesunden Egoismus finden wir in anderen Spezies nicht. Das sollte uns, dem Homo sapiens, zu denken geben!

Auf den Egoismus und den immer größeren Drang nach Individualität unserer Gesellschaft, die Aufgabe und Negierung von allgemeiner Verantwortung, Moral und gesellschaftlicher Verpflichtung und den daraus resultierenden Konsequenzen wiederum für unsere Gesellschaft werde ich in nachfolgenden Kapiteln weiter eingehen.

Bei unserer Ernährung, der Landwirtschaft und der sonstigen industriellen Nahrungsmittelproduktion brauchen wir ein Umdenken bei Hersteller und Verbraucher. Hierzu gehört auch die Abschaffung der bereits zuvor geschilderten, oft barbarischen Zustände und Hygiene in der Tierwirtschaft (Haltung/Transport und Schlachtung), den Beschäftigungsverhältnissen sowie der nach wie vor nicht wirklich kontrollierten prophylaktischen Antibiotika-Verabreichung, Überdüngung der Böden u.v.a. zulasten der Grundwasserqualität bzw. Wasserverunreinigung.

Zum Thema Tierwirtschaft kann ich Ihnen „Denglers 7. Fall" von Wolfgang Schorlau ans Herz legen, der die Materie in Form eines Krimis sehr klar und tiefgehend beleuchtet – ein von mir sehr geschätzter Autor der sich auch mit anderen Themen kritisch auseinandersetzt, wie u.a. die Privatisierung der Wasserverteilung.

Auf die Beschäftigungsverhältnisse und Werkverträge bin ich schon im Kapitel 1.2.1 eingegangen. Wir müssen weg von der Massentierhaltung. Wir reden hier von Lebewesen wie wir, und oft habe ich den Eindruck, dass viele Tiere bessere Lebewesen als wir Menschen sind.

In den Nachkriegsjahren haben wir uns in der industrialisierten Welt zu enormen Fleischverzehrern entwickelt. Eine ausgewogenere stärker vegetarisch orientierte Ernährung würde unserer Gesundheit allerdings besser tun und darüber hinaus große Einsparungen bei den Gesundheitskosten mit sich bringen. Kein Verzicht auf Fleisch, aber weniger und ausgewogen, aus natürlicher Haltung zum angemessenen Preis für Erzeuger und Verbraucher.

Genauso wichtig ist die Bekämpfung und Überwindung des Hungers in der Welt. Wir leben in vielen Teilen der Erde im Überfluss und anderswo sterben und leiden Mitmenschen an Hunger und Durst. Andererseits werden so viele Lebensmittel und ganze Ernten auf unserem Planeten vernichtet, sei es wegen Überproduktion oder zu großer Ernten bzw. um die Marktpreise oder staatliche Zuschüsse nicht zu gefährden. Darüber hinaus werden Überproduktionen auch gerne in die Dritte Welt zu subventionierten Preisen exportiert oder (fast) verschenkt, um die Überbestände abzubauen. Damit erreichen wir lediglich, dass in vielen Teilen der Welt beginnende lokale Landwirtschaftsbetriebe in den Ruin getrieben werden. Die wenigen vorhandenen privaten und kommunalen Betriebe können nicht mehr kostendeckend arbeiten und somit kann Eigeninitiative nicht mehr stattfinden. Man verlässt sich lieber auf die „Geschenke" aus den „reichen Ländern". Ich habe diese Konstellation in den 80er-Jahren im Kongo (damals Zaire) erlebt. Es war schon sehr erschreckend und befremdend, hautnah zu erleben, wie die Mühen der lokalen kleinen Erzeuger und Produzenten schon im Keim erstickt wurden durch die milden Gaben aus den damaligen EG-Überschüssen. Diese Geschenke oder Supersonderangebote zum Lagerabbau unserer Butter und Fleischberge wurden und werden dann in den Empfängerländern in einem Geflecht von Beziehungen durch Familie und Freunde der lokalen Politik und Verwaltung vermarktet. Vorbei an den vorhandenen Strukturen. Der zarte Aufbau eigener und unabhängiger Nahrungsmittelproduktion wird dadurch im Keim erstickt. Wir müssen uns in diesen Länder noch die klimatischen Bedingungen, die miserable Infrastruktur und viele andere erschwerende Faktoren für die Produzenten vor Augen halten. Eine lokale Produktion ist oft so nicht mehr darstellbar.

Die Massentierhaltung fordert darüber hinaus zur Aufzucht der Tiere intensiven Anbau von riesigen

Tierfutterflächen in der Landwirtschaft ein. Diese Großbetriebe verdrängen nicht nur die natürliche Tierhaltung und Aufzucht, sondern auch die kleineren Landwirtschaftsbetriebe für die lokale Getreide-, Gemüse- und Fleischproduktion. Dadurch ergeben sich nicht nur massive wirtschaftliche Schäden, sondern auch die Verarmung der Kleinbauern in vielen Ländern. Darüber hinaus entstehen Monokulturen! Also ein klarer Fall von Kannibalismus der industriellen Fleischproduktion zulasten der Getreide- und Gemüseproduktion, die darüber außerdem für uns Menschen viel gesünder ist.

Ein weiterer Treiber für die Vernichtung von Ackerflächen in der Ernährungskette ist die Gewinnung von Biotreibstoffen aus Pflanzen wie z.B. Raps, Zuckerrohr und anderem – eine wirkliche „Schnapsidee", die auch noch staatlich gefördert wird. Unvorstellbar! Lässt aber auch auf größere qualitative Lücken in Politik und Verwaltung schließen! Absolut nicht nachvollziehbar. Diese finanziellen Mittel fehlen jetzt bei der raschen Weiterentwicklung der Energiegewinnung aus Wasserstoff, die Priorität haben muss. Leider hört man vor lauter Pushen und Fördergeldern für Elektro- und Hybridmotoren nichts mehr von diesem Königsweg. Ich frag mich immer wieder, wer hier blockiert. Oder ist es einfach nur Bequemlichkeit?

All diese verlorenen Anbauflächen stehen dem Menschen, bei steigender Weltbevölkerung, für vegetarische Produktion nicht mehr zur Verfügung, was gleichzeitig zur Verarmung durch Verteuerung der Lebenshaltungskosten in vielen Ländern führt. Die langfristigen Konsequenzen können wir nur erahnen. Unsere Bodenflächen sind auf natürliche Weise nicht vermehrbar. Das zeigt uns, dass wir uns in einer globalen Welt auch über die Anbauflächen und Anbauprodukte einigen müssen. Die lokalen Bedarfe müssen Vorrang haben, und wir sollten nicht weiter Lebensmittel durch die halbe Welt karren.

Darüber hinaus wäre es äußerst hilfreich, alle laufenden Rodungsprogramme in Brasilien oder sonst wo mithilfe anderer Anreize zu stoppen und wo immer möglich rückgängig zu machen.

Wir müssen keine Vegetarier oder Veganer werden, aber auch nicht jeden Tag Fleisch oder Wurst essen. Zwei-, dreimal pro Woche reichen vollkommen, und wir tun dabei unserer Gesundheit einen großen Dienst.

Eine andere Frage, die sich immer wieder stellt: Müssen wir Menschen ein Leben lang so viel Milch trinken? Wir sind die einzigen Säuger, die das tun. Solange wir Tiere als Sache betrachten, fällt es uns offensichtlich leicht, den Kühen die Jungtiere wegzunehmen, damit sie für uns weiter die Milch produzieren.

Auch auf Volksfesten gilt es in einigen Ländern immer noch zum Bespaßen der Menschen, ob jung oder alt, Tiere zu quälen oder zu töten. Neben dem Stierkampf, der relativ einseitig ist, werden z.B. Stiere durch die Straßen gehetzt oder ins Meer getrieben, Gänse in Massen geköpft u.v.a. Wegen der „Tradition" dieser sogenannten Volksfeste fällt das dann nicht unter den Tierschutz. Grausam, aber so barbarisch sind wohl wir Menschen noch immer.

Dass so etwas zur Verrohung führt, zeigt meines Erachtens die sehr hohe Quote von häuslicher Gewalt in einigen dieser Länder. Da wir wissen, dass die halbe Welt hungert, sollten wir einer ausgewogenen, möglichst natürlichen Ernährung einen hohen Stellenwert einräumen. Das gilt für alle! Lebensmittel sollten nur bei gesundheitlichen Bedenken und Risiken vernichtet werden. Das sollte auch für die Ernten gelten, für die sich kein ordentlicher Ertrag mehr erzielen lässt.

Auch spielen hier die leidigen, sogenannten Haltbarkeitsdaten eine Rolle. Ursprünglich hieß das Ganze ja mal „best before…" bzw. "mindestens haltbar bis…". Diese ursprüngliche Empfehlung oder Orientierung sagt normalerweise dem gesunden Menschenverstand, nach diesem Datum ist vor dem Verzehr das Produkt zu prüfen, aber nur im Zweifelsfall zu vernichten. Heute paniken schon viele, wenn dieses Datum identisch mit dem Verzehrsdatum ist. Wir haben uns da in etwas hineingesteigert. Aufklärung und klare Sprachregeln wären vielleicht hilfreich. Der Handel muss dadurch täglich tonnenweise Lebensmittel vernichten – unverkäuflich wegen Druck der Kunden und schlechtem Image bei Lagerung nahe dem Verfallsdatum. Anderswo verhungern Menschen, insbesondere Kinder, unsere Zukunft, und das nicht nur in Afrika! Wir können hier als zivilisierte Menschen nicht länger wegsehen. In Frankreich wurden schon erste Maßnahmen getroffen.

Weiteres Umdenken bei Verbrauchern und der Industrie ist vor allem bei der Nutzung und Haltbarkeit, sprich der Lebensdauer von Produkten angesagt. Unsere Konsumgesellschaft bzw. Industriegesellschaft ist auf kurze Haltbarkeit und Lebenszyklen von Produkten eingestellt. Es soll immer schneller und immer mehr Neues produziert werden. Die Maschinen sollen laufen, Arbeitsplätze entstehen oder erhalten werden und es kann immer weiter konsumiert werden. – Aber, grenzenloses Wachstum ist in einer Welt mit begrenzten Ressourcen und Möglichkeiten nicht gegeben. Das schließt sich aus!

Von Mahatma Gandhi stammt die stimmige Aussage: „Die Welt ist groß genug für die Bedürfnisse aller, aber zu klein für die Gier aller". – Ein großer Mann, wirklich weise. Hut ab!

Wenn wir uns nicht umstellen, kommen wir irgendwann unweigerlich an das Ende der Fahnenstange. Wir werden immer mehr und können uns auf Dauer nicht dem Kaufdiktat der Industrie bei Mode bzw. technischen Neuerungen – ohne Verschleiß der alten Produkte – unterwerfen. Produkte oder deren Teile müssen in einem vorgegeben Zeitrahmen ihren Geist aufgeben, damit das System funktioniert und das große Geld fließt. Vom Hightech-Produkt bis zur Glühbirne. Der geplante Verschleiß von Produkten, also die geplante Obsoleszenz, verfolgt die falschen Ziele, und es macht, wenn wir ehrlich sind, auch keinen Sinn. Einen sehr schönen Beitrag gibt es hierzu von ARTE in YouTube: „Kaufen für die Müllhalde". Vielleicht etwas lang, aber trotzdem sehr, sehr zu empfehlen.

Die Ressourcen unser Erde sind endlich. Wir müssen das endlich akzeptieren und uns langsam umstellen. Wir müssen nicht zum Sozialismus oder Kommunismus kommen, der eine maximale Lebensdauer von Produkten fordert. Ein absichtlicher Verstoß gegen diese Maxime war Diebstahl am Volksvermögen! Stimmt ja auch irgendwie, aber soweit müssen wir nicht gehen. Wir sollten nur umsichtiger mit unseren Ressourcen umgehen, damit auch unsere Nachkommen eine faire Chance haben, in dieser Welt „vernünftig" zu leben. Einfach nur verantwortungsvolles Handeln. Weniger in besserer Qualität entlastet unsere Rohstoff- und Energiebilanz und ist für Hersteller und Konsument am Ende kostenneutral.

Hier kommen noch große Aufgaben auf uns zu, und wir müssen uns den Themen stellen. Erdöl sowie Nutzpflanzen dürften nicht mehr verbrannt oder verheizt und nur noch als Rohstoff für wirklich notwendige und sinnvolle Kunststoffprodukte bzw. Nahrungsmittel eingesetzt werden, damit eine nachhaltige Verfügbarkeit sichergestellt ist. Auf das Herstellen von Einwegtüten, Flaschen und anderer unnützer Dinge sowie Einwegplastikverpackung und vielem mehr sollten wir endgültig verzichten. Die ganze Erde ist schon zugemüllt mit Plastikmüll, das meiste in den Weltmeeren, den Rest müssen die Ärmsten der Armen in Brutstätten der Armut aufsammeln. Wir können das nicht länger hinnehmen.

Auch sollte die Kunststoffindustrie in Eigenverantwortung auf alle Lösungsmittel, Weichmacher etc. verzichten, die krebserregend sind bzw. in Verdacht dazu stehen oder zu anderen Gesundheitsschäden führen können. Auch wenn die Wahrscheinlichkeit nur gering ist, warum wegen des Profits solche Risiken eingehen???

Diese Themen sollten große Forschungsziele mit hohem Anreiz für Innovationen in diesem wichtigen Industriezweig sein. Wir müssen weg von den Massenprodukten, die alle viel zu rohstoffintensiv sind. Wir müssen hin zu Nischenprodukten mit Mehrwert. Unsere Erdölreserven können wir weder verheizen noch für Massenprodukte einsetzen, die dann ex und hopp später auf den Müllhalden, in den Wüsten und Meeren dieser Welt landen.

Ein weiteres großes Thema ist die Aufgabe der Atomenergie, Abbau vorhandener Anlagen – sichere Entsorgung von Müll und kontaminierten Dingen muss der Fokus sein. Auch sind in dieser Richtung weitere enorme Forschungsanstrengungen unumgänglich.

Wie Beck am Beispiel von Tschernobyl sagt, leben wir Menschen auf dieser Erde als Risikogesellschaft. Dies schließt meines Erachtens neben der atomaren Katastrophe auch einzelne Reaktoren oder Lager und alle Technologien ein, die wir nicht beherrschen können. Auch der unkontrollierte Kapitalfluss und die Weltverschuldung gehören dazu. Unbedingter Handlungsbedarf!

Was wir brauchen, ist die zügige Weiterentwicklung der umweltverträglichen Wasserstofftechnologie und die sukzessive Umsetzung der schon vor vielen Jahrzehnten aufgezeigten Verfahren, der möglichen Standorte, Verteilung etc. Auch wenn es utopisch klingt, ist es doch recht einleuchtend: In Arabien, wo wir heute Erdöl abbauen, haben wir genügend Sonne und Platz für die benötigte Solaranlagen zum Gewinnungsprozess von Wasserstoff aus Wasser. Das Meer ist nebenan. Die dort wegfallenden Arbeitsplätze könnten so kompensiert werden.

Natürlich könnten auch Standorte in Nahost wie z.B. Marokko, aber auch in Spanien, Italien oder Griechenland angedacht werden. Die Häfen zur Verschiffung sind da und müssen nur noch, wie auch die Empfängerhäfen für die neue Technologie, ertüchtigt werden.

Prototypen Wasserstoff betriebener Autos von zwei deutschen großen Herstellern konnte man schon vor rd. 15 Jahren in Dokumentationen des deutschen öffentlich-rechtlichen Fernsehens sehen. Ebenso Kleinkraftwerke fürs Haus. Es funktioniert tadellos! Gewisse Probleme sowie Tankstellenstrukturen etc. und eine gewisse Lobby mit anderen Interessen sind wohl noch zu überwinden. Wie gesagt, man hört zu diesem Thema nicht mehr viel, weil alle über Elektromotoren reden. Das ist aber weder der Königsweg noch die Lösung unserer Energie und Umweltprobleme.

Eine Alternative wäre, die Wasserstofftechnologie neben den anderen erneuerbaren Ressourcen wie Sonne, Wasser und Wind zur Stromgewinnung zu verwenden und dann damit u.a. auch die Elektromotoren zu betreiben. Die Forschung der Wasserstofftechnologie muss einfach noch stärker unterstützt und die Fortschrittsverhinderer, deren Lobby und Eigeninteressen schonungslos aufgedeckt werden. Wir brauchen die Erdölvorräte der Welt für die Zukunft und den Fortbestand nachkommender Generationen.

Die Wasserstofftechnologie wird ein Meilenstein in der menschlichen Entwicklung sein, Energie bzw. Wasserstoff aus Wasser und Sonnenkraft zu gewinnen und damit Strom, Wärme, Treibstoff etc. zu erzeugen. Ohne jegliche Umweltbelastung, da bei der „Verbrennung" von Wasserstoff nur Wasserdampf zurückgeführt wird und verbleibt. Entwicklungen, die Mut machen.

Auch auf anderen Gebieten erleben wir immer wieder, wie faszinierend es ist, dass wir Menschen trotz aller Macken solche Technologien erfinden und umsetzen können. Ohne die Lobby der Erdölindustrie und verwandter Bereiche bzw. deren Lobby, wären wir mit der Wasserstofftechnologie schon viel, viel weiter und bräuchten uns nicht mehr vor steigenden Energiepreisen und Heizkosten fürchten.

2. Unternehmensstrukturen

Unternehmensstrukturen müssen entkrustet und gerechtere, transparentere Entscheidungswege und Vergütungsebenen festlegt werden. Viele Vorstände handeln heute in Selbstbedienung, in Abstimmung mit dem Aufsichtsrat. Wir brauchen Einflussnahme durch den Staat, die Gesellschaft und die Kapitaleigner. Globale Gesetze und Spielregeln für globale Unternehmen. Keine Gewinnverschiebungen und Umgehung von geltendem Gesetz und Vorschriften sowie ungehinderter Zugriff des Fiskus. Das schon seit vielen Jahren in Mode gekommene Verschieben von Firmenzentralen in Länder, die mit enorm günstigen Steuersätzen locken, muss aufhören.

Wichtig ist auch die Qualität der Aufsichtsräte, die heute teilweise ein Marionettenkabinett sind – Bodytum, schillernde Namen ohne detaillierte Kenntnisse, aber leicht zu beeinflussen. In den Aufsichtsrat sollten nur Personen mit nachgewiesener Qualifizierung einberufen werden: persönlich und gesellschaftlich, branchen- und unternehmensbezogen, aber auch betriebswirtschaftlich. Nicht unbedingt der frühere

Vorstand des eigenen oder befreundeter Unternehmen oder Kunden, die Hausbank etc.. Gleiches gilt auch für alle Schlüsselpositionen und Fachpersonal der Unternehmen, ist aber in vielen Ländern und großen Unternehmen bereits Standard. Im Süden der EU besteht jedoch noch Handlungsbedarf.

Aber auch in Deutschland sehen wir es immer wieder, dass aus fehlender Kompetenz oder Größenwahn Unternehmen in oder an den Rand des Ruins getrieben werden – aktuell im Automobilbereich, der Luftfahrt und im Handel. Am Ende muss der Steuerzahler die Zeche zahlen. Eigentümer und Management haben für sich schon wohlweislich vorgesorgt. Wir, die Gesellschaft, haben Anspruch auf Klarheit, Transparenz und Information über das Geschehen und die Ausrichtung aller tätigen Unternehmen. Zeitnahe Berichterstattung über Projekte, Veränderungen, Finanzen und wirtschaftliche Lage. Wir sollten nicht mehr vom Goodwill und von der Kommunikationsfreudigkeit der Unternehmen abhängen. Damit schützen wir auch die Unternehmen und stärken ihre Wettbewerbsfähigkeit. Das alles gilt auch für inhabergeführte Unternehmungen. Wir brauchen hier gesetzlich festgelegte, klare Regelungen als Bringschuld der Unternehmen. Wir reden hier nicht über Kleinbetriebe, Handwerk und kleineren Einzelhandel, sondern nur über größere Betriebe ab einer bestimmten Beschäftigtenzahl.

Außerdem sollten die Managergehälter veröffentlicht werden, wie es bereits in vielen Ländern der Fall ist. Noch viel wichtiger ist jedoch diese Forderung für alle öffentlichen Betriebe, wo wir bis heute absolut keine Informationen und Vergleiche haben. Weder regional noch nach Größe, Aufgabenstellung und vor allem der Angemessenheit der Aufgabe und des öffentlichen Betriebs wie Versorgung, Verkehr und vieles mehr. Das müssen wir vom Gesetzgeber einfordern!

3. Neue Steuermentalität und Entlastung der Mittelschicht

Wir müssen den Niedergang der Mittelschicht unbedingt verhindern. Sie ist das Rückgrat unserer Gesellschaft, unserer Demokratien und der bürgerlichen Gesellschaft. Der aktuelle Niedergang der Mittelschicht in Deutschland begann mit der Abschaffung der Vermögensteuer in 1996. Ein weiterer Fehler war die Absenkung des Spitzensteuersatzes von 53 Prozent auf 42 Prozent für die „Reichen". Die Oberschicht, das heißt die Vermögenden, haben davon enorm profitiert bis zum Crash in 2008 und sogar darüber hinaus. Die Mittelschicht und die kleinen Einkommen mussten die Krise alleine stemmen, obwohl gerade die kleineren Einkommen nicht gezockt hatten. Abschreibungsmöglichkeiten und andere Steuervorteile gab es für diese Gruppe auch nicht. Unsere Kinder und Kindeskinder werden daran noch Jahrzehnte zu kauen haben. Die Konsequenz für viele war ein soziales Abrutschen. Arbeitsplätze gingen verloren. Steuern, Abgaben und Gebühren stiegen. Das verfügbare Einkommen sank, und somit begann für viele der Abstieg. Gerecht ist anders!

Wir müssen die Einkommenssteuer für die großen Vermögen und Einkommen wieder auf den alten Steuersatz heben, um zumindest wieder eine halbwegs ausgewogene Besteuerung zu erreichen. Auch die Erbschaftssteuer muss bei allem aktuellen politischen Gezänk mit dem Grundgesetz konform gehen und ausgewogen sein, gerade im Hinblick auf die Lasten, die die Mittel- und Unterschicht noch immer zu tragen hat.

In 2016 gab es einen interessanten Beitrag des Westdeutschen Rundfunks zu diesem Thema. Neben dem Niedergang des Mittelstandes wurde andererseits über die Bereitschaft eines Kreises von Millionären berichtet, der freiwillig deutlich mehr Steuern zahlen will. Wirklich sehr, sehr lobenswert. Aber es sind zu wenig, die ein Zeichen setzen wollen. Eine neue Steuermentalität muss her! Die Steuern sind Instrument zur Finanzierung des Gemeinwohls

– weltweit. Hier muss ein neues Verständnis erreicht werden. Nur so können wir die Gier einigermaßen kontrollieren, ohne die notwendigen Anreize für Fortschritt, Entwicklung und Engagement im Keim zu ersticken.

Die Steuern sollten aber nicht zur Sozialisierung von Gewinn oder Verlust von privaten Unternehmen oder öffentlichen Körperschaften dienen. Diese sind für ihr Handeln alleine verantwortlich. Die Kontrollmechanismen müssen jedoch verstärkt, transparent und öffentlich gemacht werden.

Wir sind nicht alle gleich und Einsatz muss sich auch in einer "neuen, besseren Welt" lohnen. Durch eine gerechte und angemessene Bewertung der Produktionsfaktoren Arbeit und Kapital ergibt sich bereits ein vernünftiger Ausgleich. Die Begleichung der Steuer ist ein Teil unserer Verantwortung für die Gesellschaft. Es ist unserer persönlicher Anteil am Allgemeinwohl. Nur so können wir in einer Welt leben, in der es einigermaßen funktioniert und das Leben auch lebenswert ist. Das heißt, Sicherheit, Bildung, Zukunft, Energieversorgung, Infrastruktur, Nahrung etc. sind dann nicht nur den Eliten vorbehalten, sondern Allgemeingut. Wir müssen uns von dem Prozent denken lösen. Unsere Steuer ist ein Privileg, unser materieller Beitrag zur Gesellschaft. Vielleicht sollten wir die Steuerlasten der Wohlhabenden, der

Unternehmen und Konzerne veröffentlichen, damit auch hier ein stärkerer Anreiz, eine Identität und eine Außenwirkung und damit Solidarität aller gegeben und gezeigt wird.

Eine Steuervereinfachung für alle ist unerlässlich – mit gleichen Belastungsstufen nach Verträglichkeit und Einkommen für selbstständige und unselbstständige Arbeit, Unternehmen, Kapital- und Personengesellschaften! Es sollte auch keine unterschiedliche Besteuerung zwischen Kapital- und Personengesellschaften geben.

Ein weitaus größeres Problem stellt zurzeit die Steuermentalität und Gier bzw. Unvernunft und Rücksichtslosigkeit nicht nur von Individuen, sondern auch einzelner Staaten in Europa und anderswo dar. In Andorra, Belgien, Irland, Luxemburg, den Niederlanden, Malta, Monaco und Zypern wird ganz offen mit besonderen Steuersätzen geworben, die damit sogar einigen Übersee-Steuerparadiesen wie den Cayman-Inseln und anderen Konkurrenz machen. Viele dieser EU-Mitglieder winken mit 4 bis 12 Prozent statt der üblichen Steuersätze von 20 bis 35 Prozent bei der Verlagerung der europäischen Konzernzentralen in ihr Land. Große Konzerne und Betriebe wie Amazon, Apple, Google, IKEA, Starbucks, Microsoft und andere folgen schon seit Jahren gerne den Einladungen. In den einzelnen Ländern, in denen die Umsätze erzielt werden, fallen keine Gewinne an, da diese aufgrund der Preisstrukturen, Lizenzgebühren und anderer Tricks in deren Europazentrale oder sonst wo anfallen und dort nur mit 'nem Appel und 'nem Ei versteuert werden. Der dadurch entstehende Schaden bzw. Verlust alleine in der EU beträgt eine Billion Euro. Zurückzuführen ist das alleine auf einen ruinösen Wettbewerb bzw. die Buhlerei einzelner auch europäischer Länder mit immer geringeren Steuersätzen. Alles zulasten der Allgemeinheit, der verbleibenden Steuerzahler und gegen den gemeinschaftlichen, europäischen Gedanken, der leider durch den überall angesagten Populismus von rechts, eh schon sehr ins Wackeln gekommen ist.

Dem gegenüber steht ein wirklich großzügiger Finanzausgleich aus Brüssel an die schwächeren Partnerländer. Aber wegen fehlender Steuereinnahmen aus den verschiedensten Gründen, vor allem aber aufgrund nicht verwirklichter Projekte und Unvermögen, werden immer wieder neue Schulden gemacht. Darüber hinaus versickern in einigen unserer Partnerländer jedes Jahr Millionen in der Korruption. Viele notwendige Aufgaben/Ausgaben in Bildung und Instandhaltung werden dadurch verschoben und der Schuldendienst steigt. Auch wenn der Aufbau eines vereinten Europas sehr langwierig und nicht immer einfach ist, wie wir sehen, bin ich ein großer Verfechter der EU und des europäischen Gedankens. Nur in dieser Gemeinsamkeit sehe ich eine langfristige Zukunft für uns alle, aber man muss auch mal auf Missstände hinweisen dürfen.

Das Schlimme ist, dass wir in der EU bisher keine ausreichende Möglichkeit haben, Mehrheitsbeschlüsse in den wichtigen Themen durchzusetzen, weil jedes Land – und sei es noch so klein – ein gewisses Vetorecht hat und somit seine Besteuerungstrickserei oder seine Industrie schützen kann. Wir brauchen auch hier Transparenz, vor allem Durchgriffsmöglichkeiten und gewichtete Mehrheitsbeschlüsse sowie mehr gemeinsames Denken und Handeln. Angeblich soll es demnächst einen EU-Informationsaustausch über die Höhe der Unternehmenssteuern geben. Es wäre mehr als wünschenswert, wenn wir Bewegung in dieser Sache bekämen und diese Steuerlücken schließen könnten.

Eine Gemeinschaft, in der jeder tun kann, was er will, und für sich immer wieder Sonderrechte einfordert, auch zulasten der Gemeinschaft, ist keine Gemeinschaft! Auch wenn es bitter und ein wenig desillusionierend ist oder klingt, sollten wir die Statuten ändern. Denn die einzige Alternative wäre, solche Mitglieder ausschließen. Halb schwanger oder nur die Rosinen raus picken gibt es nicht unter Partnern.

Mitgehangen – mitgefangen. Wir sollten uns diese so wertvolle Errungenschaft der Europäischen Union nicht von einzelnen Abweichlern, die nur an Subventionen interessiert sind, zerstören und verleiden lassen. Dann lieber kleiner, aber gemeinsam!

4. Politik und Staat

Die historische Entwicklung skizziert uns über die Jahrhunderte und Jahrtausende einen langen Weg, von Familie über Stamm und deren Arbeitsteilung hin zu Volk, Häuptling, Könige, Republik, Demokratien, Diktaturen, Sozialismus, Kommunismus und Kapitalismus. Ein buntes Band von Erfahrungen, aber irgendwie läuft es noch immer nicht rund. Natürlich sind wir Menschen nie zufrieden und haben immer etwas zu meckern. Gerade in den letzten Jahrzehnten haben wir ja eine rasante technische Entwicklung und Digitalisierung unserer Welt erlebt. Zu Hause und am Arbeitsplatz.

Vor Modernisierungen im Parlamentarismus schrecken wir aber intuitiv zurück. Wahrscheinlich spielen hier die schlechten Erfahrungen der Vergangenheit hinein. Die Veränderungen in der Arbeitswelt gerade in den letzten zehn Jahren, wie z.B. Arbeitsabläufe, Arbeitsplätze, Home-Office, digitale Kommunikation auf Knopfdruck und vieles, vieles mehr, sind enorm.

Wird es nicht auch Zeit, über strukturelle Anpassungen unserer Parlamente und Politik nachzudenken?

Meines Erachtens ist es an der Zeit, an neue Formen bzw. Formate der Demokratie und Regierungsführung sowie Verwaltung heranzugehen. Das geht nicht von heute auf morgen, aber wir sollten anfangen. Das Ziel heißt Aufbau und Förderung von Zivilgesellschaft, Basisdemokratie und offener Gesellschaft mit sozialer Prägung und Verantwortung. Parallele sukzessive Abschaffung der durch Steuermittel finanzierten Parteiendemokratie in der heutigen Form auf zu vielen Ebenen. Parteien müssen sich wie jeder Verein selbst finanzieren. Die alten Argumente, das Volk ist zu dumm oder unwissend zur direkten Einflussnahme, ziehen so nicht mehr. Es gibt zwar immer wieder Gefahrenpotenzial durch Populisten und anderen Demagogen, aber andererseits verfügen wir heute über Strukturen und Institutionen sowie Mechanismen, die uns dagegen schützen. Eine moderne Demokratie muss lernen, sich gegen ihre Feinde zur Wehr zu setzen. Eher werden durch Lobbyismus, Beratungsverträge und Bestechung (Korruption) die Parteien und Politiker beeinflusst, die oft über keine Berufs- und wenig Lebenserfahrung verfügen. Andere haben gar nicht die Zeit, sich neben ihren außerparlamentarischen Verpflichtungen um das Wohl des Volkes zu kümmern oder stehen in Interessenkonflikten. Den Lobbyismus sehe ich als die größere Gefahr. Im deutschen Bundestag gibt es mittlerweile rund 2.000 Lobbyisten/Lobbyvereinigungen, die mit dem sogenannte Hausausweis im Bundestag ein und aus gehen und ihre Interessen hautnah bei den Abgeordneten anbringen können – das heißt weit mehr Lobbyisten als Abgeordnete. In Brüssel ist es noch schlimmer. Die Ausgewogenheit ist so nicht mehr gegeben und geht zulasten der Allgemeinheit, sprich am Ende zulasten des Steuerzahlers. Wir sollten die Möglichkeit und Gefahr der „Sonderbehandlung" und Verführungspraktika der Abgeordneten in der bestehenden Form schleunigst unterbinden. Wie sonst sollen Abgeordnete zu unvoreingenommenen Entscheidungen kommen?

Zur Recherche brauchen sie keine Lobbyisten. Das geht ganz einfach mit Laptop, Telefon und Fachpersonal. Warum sollen Industrie, Gewerbe, Handel und andere Dienstleister sowie Verbände mehr Macht und Einfluss haben als wir normalen Bürger? Das ist doch absurd, fast schon pervers und sollte abgeschafft werden. Wir konnten ja sehen, wohin das z.B. bei der SPD geführt hat. Treffen der Parteigranden, Minister und Staatssekretären etc. wurden von Lobbyisten und Agenturen gegen Bares arrangiert. Das kann doch nicht sein. Der Verführung von Politikern und Beamten wird doch hiermit Tür und Tor geöffnet. Ansprechpartner für alle Themen, ob geschäftlicher oder privater Natur, sind alleine die Ministerien und deren zuständige Mitarbeiter und Bereiche.

Ähnlich stark und mit schmerzhaften zivil- und strafrechtlichen Konsequenzen für Geber und Nehmer müssen wir uns auch gegen die Korruption zur Wehr setzen. Der Steuerverlust durch Korruption, sei es bei der öffentlichen Hand oder bei privaten Unternehmungen bei Auftragsvergaben, Schwarzarbeit, Schattenwirtschaft etc., dürfte allein in Deutschland im zweistelligen Milliardenbereich liegen. Auch das ist nicht hinzunehmen.

Wir brauchen schon heute mehr Zivilgesellschaft. Zu wichtigen Themenkreisen bräuchten wir wann immer nötig auch qualifizierte Volksbefragungen als Feedback, aber auch um die Menschen mitzunehmen und die Politikverdrossenheit auszuhebeln. Außerdem liegen die Demoskopen in letzter Zeit zu oft zu sehr daneben. Wir brauchen eine Versachlichung der Politik, ohne Hetze, Beleidigungen und Beschimpfung, aber mit guten sachdienlichen und zielgerichteten Diskussionen.

Nicht heute, aber vielleicht als Vision, bietet sich irgendwann in der Zukunft eine Lösung mit professionellen Regierungsteams und ergänzt durch unabhängige professionelle Kontrollteams, die sich unabhängig von einander zur Wahl stellen, das heißt Teams mit Befähigungsnachweis, Integrität, Praxis in vergleichbaren Aufgaben, ob Unternehmen oder Verwaltungen, große Kanzleien, vor allem aber nachweisbare Erfahrung, Erfolg und Professionalität. Das Kontrollteam erstellt ähnlich wie in der Wirtschaft ein jährliches Testat für die Regierungsarbeit bzw. auf Wunsch des Parlaments auch bei besonderer Veranlassung. Die Ministerien könnten so deutlich verschlankt und professioneller ausgerichtet werden. Das Aufblähen durch Einbringen von Parteifreunden würde aufhören, weil die Fähigkeit und Leistung, also das Profil für die Eignung der Aufgabenstellung im Vordergrund steht. Außerdem wäre eine laufende, zeitnahe Prüfung der quantitativen und qualitativen Regierungsarbeit gemäß deren eigenen Vorgaben gegeben.

Neben der Regierungsmannschaft hätten wir ein effizientes, schlankes Parlament mit gewissen Anwesenheitspflichten und wie gehabt dem Bundesrechnungshof, jedoch mit stärkerer Einflussnahme und klarerer Weisungsbefugnis – als Ersatz einer häufig unprofessionellen Parteienregierung. Das heißt, ein verschlanktes, direkt gewähltes Parlament löst die Parteiendemokratie ab. Parteien können nach wie vor aktiv sein, aber ohne Finanzierung aus dem Bundeshaushalt. Deren Mitglieder dürfen sich auch zur Wahl stellen, aber wie jeder Verein muss sich jede Partei aus den Mitgliedsbeiträgen oder Spenden finanzieren. Die Abzugsfähigkeit müsste noch geprüft werden und dürfte bestimmte Größen nicht überschreiten. Nur die Parlamentarier erhalten ihre Vergütung gemäß den bestehenden Regelungen, nicht mehr die Parteien. Eine Gruppenbildung der Parlamentarier auch ohne Partei kann man nicht verhindern, hat aber auch gewisse Vorteile und schützt vor Isolation im Parlamentsalltag.

Das Parlament gibt die Richtung vor und lässt zu bestimmten Themen Volksbefragungen durchführen. Für Volksentscheide ist meines Erachtens die Zeit noch nicht ganz reif. Das Parlament stimmt über Vorschläge der Regierungsmannschaft ab bzw. winkt Vorlagen durch. Über den Bundespräsidenten als oberste repräsentative Instanz könnte das System vereinfacht und transparenter gemacht werden. Dem Bundespräsidenten könnte außerdem ein Vetorecht bei Fragen von nationalem Interesse bzw. eine Schlichtungsfunktion zugestanden werden sowie neutraler Vorsitz des Rechnungshofs. Das heißt, der Rechnungshof würde zunächst formal dem Bundespräsidenten berichten und nach Freigabe im Bundesanzeiger und anderen Medien veröffentlichen sowie seine Ergebnisse dem Parlament und der Regierungsmannschaft vorlegen. So hätten wir Transparenz und mehr Sicherheit bzw. belastbare Informationen für uns alle. Außerdem käme dem Bundespräsidenten neben der Repräsentation auch eine größere Verantwortung zu.

Es müssen nachvollziehbare Leistungs- und Budgetpläne für alle Projekte quantitativ und qualitativ von den jeweiligen Teams/Ministerien erstellt werden, mit jährlichem, mittelfristigem und langfristigem Ausblick. Wo immer möglich öffentlich und für Parlament und Kontrollorgane nachvollziehbar. Das heißt objektive und klare Leistungskontrolle durch Kompetenz und Transparenz. Außerdem die Möglichkeit der direkten Einflussnahme der Bürger. In der Zukunft auch digital durch die neuen Medien oder besser durch neu zu installierende Plattformen zur Information, für Feedback, Wahlen und vieles mehr. Nicht das gläserne Parlament oder den gläsernen Bürger, aber alles einfacher und zeitgemäß, mit transparentem Informationsfluss.

Darüber hinaus wäre denkbar:

⇨ Wahlpflicht (wie z.B. in Belgien)?

⇨ Zusammenlegen von Wahlterminen und sinnvolle Perioden

⇨ Volksbefragungen zu wichtigen Themen

⇨ unabhängiges Wahlamt für alles Administrative

⇨ wissenschaftliche Zentren in Elite-Universitäten als unabhängige Denkfabriken?

In einer Zivilgesellschaft ist eine Kontrolle von Macht/Kapital/Arbeit und Rechtsstaatlichkeit und einer gesunden Entwicklung gegeben. Wir können der Politikverdrossenheit und Wahlmüdigkeit durch aktives Einbinden aller interessierten Bevölkerungskreise auf zunächst kommunaler und regionaler Ebene entgegenwirken. Dass es funktionieren kann, zeigte sich bereits in einigen europäischen Ländern. In Spanien kam es z.b. durch die Protestbewegungen vor einigen Jahren zu neuen Strukturen bzw. Parteien, die versuchen, die Politikverdrossenheit aufzuheben und die Menschen, ob jung oder alt, in die Entscheidungsprozesse miteinzubeziehen. Dies geschieht durch Treffen in kleinen Gruppen oder im Internet. Ein klarer Schritt in Richtung Zivilgesellschaft und Überwindung der Altlasten dort. Leider mit großen Bedenken meinerseits gegen diese antieuropäische Partei bzw. deren egomanischen Vorsitzenden.

Eine solche Integration der Bürger würde auch in Deutschland bzw. Europa und anderswo auf der Welt gehen. Die Menschen warten nur darauf, wenn man es ernst meint und sie mitnimmt. Wie gesagt, als ersten Schritt würde sich wohl überall die lokale Ebene anbieten. Wir könnten dadurch auch den Druck am politisch rechten und linken Rand raus nehmen. Nicht zu vergessen die immanent steigenden Kosten der Politiker, Parteien auf allen Ebenen und daraus resultierender zusätzlicher, administrativer Aufwand, den wir auf Dauer nicht mehr bezahlen können. Auch deshalb brauchen wir in Politik und Parlament zivilgesellschaftliches Engagement. Wir müssen uns mehr auf die Qualität und Befähigung unserer Parlamentarier konzentrieren, statt auf Parteibuch oder prominente Namen etc.. Darüber hinaus könnten wir zur Steigerung der Effizienz und Leistung die Parlamente sinnvoll verkleinern, mit maximalen Verbleibsjahren der Abgeordneten. Keine Jobs auf Lebenszeit oder Berufspolitiker, dafür aber mehr Berufs- und Lebenserfahrung.

Das gäbe wieder kürzere, direkte Debatten und fruchtbarere Diskussionen und damit besseren Informationsfluss für die jeweilige Regierungsmannschaft, aber auch für uns Bürger. Es gibt so viele interessante und auch durchaus machbare Beiträge im Netz aus Europa und aller Welt zum Thema direkte Demokratie und Zivilgesellschaft. Einfach mal rein gucken. Wir scheuen uns oft vor neuen Gedanken, weil sie uns zu abstrakt und theoretisch erscheinen. Natürlich steckt hier auch die Urangst von uns Menschen vor Veränderungen dahinter. Andererseits wird ja heute alles von den Parteien gemacht, und das ist ja so bequem für uns. Ich brauche nur wählen zu gehen und mein Kreuz zu machen. Doch mit welchem Ergebnis und Zeitrahmen? Alles Wichtige bleibt für Jahre und Jahrzehnte in den Parlamenten als Zankapfel und Spielball der Parteien hängen.

Die Blockbildung der Parteien und deren Koalitionen, die oft nur an seidenen Fäden hängen, ist geprägt von traditionellen oder weltanschaulichen Werten oder aktuellem Populismus. Im Grunde spalten sie die Gesellschaft, wie wir oft bei Familienfeiern und Ähnlichem sehen können. Außerdem haben wir zu viele Politiker, die die Politik bzw. Partei als Sprungbrett für eine Karriere in Wirtschaft oder Verwaltung sehen. So entstehen Seilschaften zwischen Politik und Wirtschaft bzw. werden bestehende Bande verfestigt. Mit „Diener" des Volkes hat das wenig zu tun.

Wir sollten uns langsam von dieser Art des Parlamentarismus loslösen, unsere parlamentarischen Strukturen an die Notwendigkeiten anpassen und unsere Demokratie stärken. Unser Ziel muss der Mensch sein und eine humane gerechtere Welt, in der alle in Frieden leben können. Unabhängig von Hautfarbe, Herkunft, Religion, Weltanschauung, Ansehen oder Größe des Portemonnaies. Natürlich sind wir nicht alle gleich, aber so können wir uns ergänzen, und das macht uns ja so interessant. Wir haben unterschiedliche Veranlagungen, Charaktere, Intelligenz, Fleiß etc. Wir bringen uns daher auch in unterschiedlichster Form in die Gesellschaft, das Arbeits- und Sozialleben ein. Dementsprechend werden auch die Einkünfte der einzelnen Menschen unterschiedlich sein. Das ist gerecht, solange es in einem ausgewogenen, der Leistung angemessenen Rahmen liegt. Wir hören und lesen heute wieder, dass z.B. Film- und Schlagerstars und viele andere zwei- bis dreistellige Millionensummen per anno verdienen, Finanzmagnaten auch noch deutlich mehr. Eine ausbildete Verkäuferin – wenn sie Glück hat – verdient 25.000 € im Jahr bei 38 Stunden pro Woche und ihr bleibt dann an Rente im Alter rund 700 - 800 € pro Monat, das reicht kaum für die Miete. Von ihrem Gehalt kann sie schwerlich eine Zusatzrente finanzieren.

Diese krassen Unterschiede, besonders im Alter, sind so nicht gerecht und akzeptabel. Irgend etwas stimmt bei uns Menschen nicht mehr, würde ich daraus schließen. Wir müssen das durch entsprechende Besteuerung bzw. Rentenanpassungen angleichen. Zeitnah und nicht erst wieder in neuen Legislaturperioden. Obwohl die Rentenanpassung alleine hier nicht hilft. Wir brauchen den angemessenen

Ausgleich der Produktionsfaktoren Arbeit und Kapital, den wir vor langer Zeit schon einmal hatten, sonst sind diese Probleme nicht zu lösen, und wir wissen, wo das sonst hinführt.

Der Fokus der Parteien liegt offensichtlich auch irgendwo anders, wo es mehr Beifall gibt, und bestimmte Bevölkerungsgruppen sind offensichtlich auch nicht besonders attraktiv und haben auch keine Stimme. Das Gleiche gilt für notwendige Umverteilungen, das heißt im Grunde nichts anderes als die Rückführung früherer ungerechtfertigter Verschiebungen nach oben. Die Lobby der Mehrverdiener war und ist wohl noch immer deutlich größer als die der vielen, vielen „kleinen Leute". Also fasst man solche Themen am besten gar nicht erst an.

Die klassischen Diskussionen und Streitereien in den Parlamenten, die in früheren Jahren noch viel theatralischer und fundierter waren, finden viele Menschen unterhaltsam und möchten diese nicht missen. Sogar das Fernsehen trägt dem mit Sondersendungen Rechnung. Aber warum wollen wir uns an dieser Stelle unterhalten lassen und bleiben passiv? Die Parlamente bleiben uns erhalten, und wir können uns viel einfacher einbringen. Alles wird nur überschaubarer, und in einer direkteren Demokratie hätten wir einfacheren Zugang und viel mehr Möglichkeiten der Einflussnahme. Darüber hinaus schützt das auch unsere Demokratie vor Macht-übernahmen einzelner Gruppen. Diese Möglichkeiten müssen wir auch gesetzgeberisch ausschalten. Jeder Einzelne trägt Verantwortung für seine Stadt/Gemeinde, Region, sein Land und seinen Kontinent. Also raus aus der Passivität.

Wir Menschen müssen uns wieder mehr und direkt einbringen, nicht nur digital oder über die sozialen Medien. Auch in den Familien, der Nachbarschaft, mit Kollegen, Politik etc. können wir uns mit den Themen auseinandersetzen und uns mit den richtigen und wichtigen Dingen identifizieren: unserer Welt, in der wir leben. Die Gesellschaft sind wir und nicht irgendwelche anonymen „anderen". Ein schwieriger, aber notwendiger Prozess, vielleicht ein Stück zurück – aber weg von Ich-Bezogenheit und Eigeninteresse, wieder mehr hin zum „wir" und Verantwortungsbewusstsein. Wir können durch direktes Mitwirken, Gestalten und Informieren, die bei vielen Menschen bestehenden Ängste abbauen bzw. gar nicht erst entstehen lassen. Die Verunsicherung vieler Menschen zeigt sich gerade aktuell vor dem Hintergrund der Flüchtlingswelle: Populisten von rechts, Autonome von links, Terroranschläge und Kriege des IS sowie dem steigendem Anteil muslimischer Mitbürger. Auch wenn vieles davon auf Fehlinformationen und Fehlinterpretationen sowie Unwissenheit zurückzuführen ist, zeigt es sich hier doch deutlich, dass die Parteiendemokratie überfordert ist. Wir brauchen neben mehr Rechtsstaatlichkeit ziviles Engagement, ohne das wir z.b. die Flüchtlingsproblematik und andere Themen überhaupt nicht bewältigen könnten. Wenn es darüber hinaus zum Jahresende Hiobsbotschaften wie höhere Energiekosten und andere Lebenshaltungskosten gibt oder dann noch die Steigerung der Krankenkassenbeiträge bei weniger Leistung verkündet wird, sind die Menschen wirklich verunsichert und mehr als nur verärgert.

Bei allem Respekt und großem Verständnis für die humanistische, christliche Ausrichtung von Frau Merkel, aber „das schaffen einige von uns nicht mehr". Durch Ängste werden viele Menschen in die Hände der Populisten egal welcher Couleur getrieben. Kann ich zwar im Grunde nicht verstehen, aber es ist wohl so. Im Grunde sind das Eigentore unserer Politik und partiell der Verwaltung. Wir müssen mit Aufklärung, Fakten und noch mehr gezielter Information und persönlicher Ansprache dagegenhalten.

Es scheint mir, dass wir beim Thema Energie mittelfristig auf dem richtigen Weg sind, vor allem wenn wir uns zeitnah von der Kohle, als umweltbelastender Energieträger, endlich verabschieden. Im Gesundheitswesen folgt aber wie gewohnt eine Flickschusterei der nächsten. Hierzu mehr in Kapitel 6.

5. Ausgliederung der Administration

Konsequente Trennung und Ausgliederung der Administration aus der Politik. Flache Hierarchien und kompetentes, motiviertes Personal, in allen Ebenen. Das müsste doch auch bei allen Beamten oder besser gesagt Mitarbeitern von Behörden, Verwaltungen und Betrieben der öffentlichen Hand möglich sein – von der Kommune zum Staat und der EU etc.. Die Politik gibt lediglich die Rahmenbedingungen und deren Veränderungen vor. Zur Administration gehören neben den vielen Behörden, Verwaltungen und Betrieben, auch das staatliche Gesundheitswesen wie Krankenkassen und auch Krankenhäuser sowie die gesetzliche Altersversorgung u.v.a.

Gerade hier bedarf es einer strikten Kosten- und Leistungskontrolle mit entsprechenden Abweichungsanalysen etc. wie in jedem anderen Service Unternehmen. Im Grunde ist es ja auch nichts anderes. Hierzu gehört auch die Definition der Leistung bezüglich Kosten und zeitlichem Aufwand sowie Quartals- und Jahresabschlüsse einschließlich dem Fluss der Leistungen und der Mittel. Eine neue Qualität von Politik und Verwaltung. In der Wirtschaft ist es etwas ganz Alltägliches, obwohl es auch hier nicht immer so ganz reibungslos funktioniert. Alle Ebenen der öffentlichen Administration sollten der quantitativen und qualitativen Erfolgs- und Ausgabenkontrolle einer unabhängigen Revision wie dem Bundes- oder Landesrechnungshof, aber mit entsprechender Weisungsbefugnis, unterliegen. Überall in Politik, Verwaltung und Wirtschaft müssen nicht erklärbare Abweichungen straf- und zivilrechtliche Konsequenzen haben, damit es besser funktioniert. Per Gesetz müssen alle Verstöße der Anzeigepflicht unterliegen, damit sie nicht wie bisher so leicht unter den Teppich gekehrt werden können! Auch das gehört zur Verantwortung unserer Leistungsträger und Leistungsebenen.

6. Gesundheits- und Altersvorsorge

Trotz vieler großer Worte und Ankündigungen seit Jahr und Tag ist es bis heute noch zu keinen wirklich konsequenten und einschneidenden Maßnahmen der Veränderung sowie einem abzuarbeitenden Themenkatalog gekommen. Es ist immer wieder politischer Eiertanz, aber keiner hat Eier genug, die notwendigen Dinge zu tun, um langfristig bezahlbare Systeme zu etablieren. Irgendeinem Klientel wird es immer schmerzen.

Und schlimmer noch ist das Schachern um Mehrheiten in der Parteiendemokratie: „Ich stimme dir hier zu, wenn du mir dazu zustimmst." Es geht also nicht um des Volkes Wunsch und Wohl, sondern nur um parteipolitische Machtspiele. Vielleicht sieht der ein oder andere spätestens hier, dass unsere Parteiendemokratie doch nur suboptimal ist. Wir sollten uns an die alte Weisheit erinnern, „das Bessere ist der Feind des Guten". Eine Basisdemokratie verschafft uns bei Abstimmungen deutlich schnellere, echte Mehrheiten, die wir Bürger akzeptieren und respektieren können. Dabei ist es bei unserem Thema Gesundheit gar nicht so kompliziert – leider nicht so populär und es könnte Wählerstimmen kosten. Trotzdem zahlen die Zeche am Ende alle, und am härtesten trifft es wie so oft den „kleinen Mann".

Gerecht wäre eine solidarische, paritätische Versorgung **aller** Bürger, das schließt natürlich Beamten und Selbstständige mit ein:

⇨ gesetzliche Grundversicherung für Krankheit, die alle Krankheits-, Pflege- und Versorgungsfälle abdeckt als Pflichtversicherung für jeden Bürger

⇨ gesetzliche Altersversorgung mit ausreichender, anzupassender Rente für einen lebenswerten Ruhestand als Pflichtversicherung für jeden Bürger

⇨ freiwillige private Zusatzversicherungen für Krankheit, Alter und Rente nach eigenem Ermessen und Bedürfnissen

Die staatliche Förderung sowie Steuervergünstigungen müssen sichergestellt werden, damit diese zwingenden Zusatzmaßnahmen angenommen werden und auch für kleinere Einkommen lebenslang bezahlbar bleiben. Wir müssen uns zunächst daran erinnern, dass die gesetzlichen Krankenkassen eigentlich nur staatliche Verwaltungs- bzw. Abrechnungsstellen mit klarem politischen Auftrag sind, die oft von Dritten durchgeführt werden, wie z.B. Ersatzkassen. Wir müssen sie schleunigst wieder auf eine einheitliche gesetzliche Krankenkasse zurückführen. Wo es Sinn macht, können die alten Partner und Ersatzkassen integriert werden, aber als Teil der einheitlichen Krankenkasse, mit vereinfachten Strukturen. Die Versicherungsleistungen müssen den Versicherten am Wohnort oder auch auf Reisen, an jedem anderen Ort mit gleichen Service, angeboten werden. Also von überall unbürokratisch unter Einschluss der neuen digitalen Medien, kundenorientiert erreichbar sein – so, wie wir es ja schon heute in immer mehr Verwaltungen (Gott sei dank) erleben. Das heißt Downsizing in nur noch eine und zwar die neue gesetzlichen Krankenkasse, egal wie sie dann heißen wird. Modern, bürgernah und kompetent. Heute haben wir eine unnötige Vielfalt der Kassen- bzw. Ersatzkassenlandschaft mit gleichen Aufgaben und nur marginalen Leistungsunterschieden. Dafür sind sie aber mit Strukturen und Kosten wie große Konzernen ausgestattet. Hier müssen wir ran. Das verschlingt unglaublich viel Geld, ohne jeden zusätzlichen Nutzen für die Versicherten. Bei einer eventuellen auch formalen Integration der Ersatzkassen in die neue gesetzliche Krankenkasse müssen wir aufpassen, dass schon im Vorfeld deren Strukturen bereinigt und auf reine Servicefunktionen heruntergebrochen werden. Wir wollen nicht vom Regen in die Traufe kommen.

Keiner weiß, wo das Geld und die früheren Überschüsse geblieben sind. Doch von Insidern verlautet, dass es in überzogene Vorstandsgehälter, Reisen und Tagungen fließt. In jedem noch so kleinen Kreis werden „Direktionen" gebildet mit sehr gut verdienenden Vorständen und entsprechender Ruhestandabsicherung, auch bei vorzeitigem Ausscheiden. Diese Vorstände „müssen" sich, warum auch immer, laufend mit den vielen anderen Vorständen in der Republik treffen und tagen. In einer digitalen Welt könnte das Ganze einfach mit Telefon- bzw. Videokonferenzen geregelt werden. Die bisherige Praxis kostet nur viel, viel Geld ohne zusätzlichen Nutzen.

Weder die Strukturen noch die Reisen, Tagungskosten und Gehälter sind angemessen und notwendig. Reine Verschwendung! Aber irgendwo muss das Geld ja hin, und Überschüsse ausweisen ist ganz schlecht. Das könnte ja zu Beitragssenkungen oder höheren Leistungen an die Versicherten führen. Dann lieber selbst ausgeben. Unglaublich, aber leider wahr.

Ich bin gespannt wie lange der deutliche Überschuss aus dem 1. Quartal 2017 hält, der auf die Beitragserhöhungen zurückzuführen ist. Hoffentlich werden keine Begehrlichkeiten geweckt.

Es besteht also dringender Handlungsbedarf zur Fusion der Ersatz- und Betriebskassen- sowie der Beamtenkassenlandschaft zur neuen „Krankenkasse" als Einheitskasse – einhergehend mit dem Abbau der Verwaltungskosten, Downsizing der Strukturen und Positionen. Einen wohlklingenden Namen für die neue „Kasse" wird man schon finden. Wir sollten nicht noch Jahre warten, es wird immer teurer. Neben Bürgernähe und einfachen, klaren Strukturen kommt das enorme Einsparpotenzial der Gesundheitsfürsorge und der sozialen Verträglichkeit zugute.

Als Nächstes müssen wir uns von den „Kassenärztlichen Vereinigungen" trennen. Auch hier zahlt das

Gesundheitswesen für einen alten Zopf und für Leistungen und Administration, die nicht gebraucht werden und so unnötig sind wie ein Kropf. Diese Aufgaben gehören ganz klar in die Hand der gesetzlichen Krankenkassen. Nur sie ist direkter Partner der an die gesetzlichen Krankenkassen angeschlossen Ärzte und Kooperationspartner. Es gibt ja auch keine „kassenärztliche Patientenvereinigung".

Unserer Leben sollte einfacher werden und nicht komplexer und komplizierter. Wie gesagt, wir kommen mit einer modernen Einheitskrankenkasse aus. Wir haben ja mittlerweile auch nur noch eine Rentenversicherung, und das ist gut so. Es fehlt auch hier nur noch die Integration der Beamten und Selbstständigen. Eine weitere Aufgabe für die Politik. Auch der alte Beamtenzopf der Krankenkasse von oben herab muss weg. Sie soll bürgernah, kundenfreundlich und serviceorientiert sowie überall zu erreichen sein, für ein persönliches Gespräch oder eine Beratung, aber auch für eine komplette elektronische/digitale Abwicklung von Vorgängen, Problemen, Abrechnungen etc. zur Verfügung stehen. Der Kunde, das heißt der Versicherte und Beitragszahler, muss nur in Ausnahmefällen persönlich Kontakt aufnehmen. Wichtig ist neben der Serviceorientierung der Krankenkasse eine lückenlose Kostenkontrolle, es geht um sehr viel Geld. Und von den Begehrlichkeiten hören wir ja immer wieder. Transparenz und eine unabhängige Revision und Kontrolle bis hin zu den angeschlossenen Ärzten und Partnern ist unerlässlich! Dafür muss dringend die Kommunikation und Abrechnung von Patient–Arzt–Kasse verbessert und vereinfacht werden. Das geht ohne Reibungsverluste nur ohne die Kassenärztliche Vereinigung. Dieser zusätzliche Partner wird schlichtweg nicht gebraucht und ist nur ein zusätzlicher Kostenfaktor ohne Mehrwert und Nutzen.

Ein wesentlicher Fortschritt und zugleich eine unabdingbare Forderung wäre die Bestätigung des Patienten über den Erhalt der ärztlichen Leistungen und deren Kosten mit Unterschrift und Kopie für den Patienten und die Krankenkasse. Wir müssen die Verantwortung des Patienten fordern und fördern und auch ein Kostenbewusstsein schaffen, das es bisher wegen Systemfehlern – der Schlaraffenland-Komponente – nicht gab. Der Patient und Leistungsempfänger muss sehen, was die erhaltenen Leistungen kosten. Im normalen Leben gibt es solche Systemlücken nicht. Das heißt, dass ich Leistung, Ware oder Service erhalte, ohne dass ich den Erhalt bestätige und es mich darüber hinaus nicht interessiert oder ich nicht weiß, was es kostet. Nicht zu vergessen die sich daraus ergebenen Versuchungen auf ärztlicher Seite, von der wir sogar im großen Stil immer wieder mal etwas hören. Ein weiter Kostentreiber! Wir sind als Gesellschaft verpflichtet, hier klare Regeln zu schaffen.

7. Bildung und Ausbildung

Die Wichtigkeit der Bildung wird an verschieden Stellen angesprochen. Die Ausbildung der nachwachsenden Generationen muss ein Schwerpunkt der Politik auf nationaler und europäischer sein. Falls möglich auch auf weltweiter Ebene. Die föderalistische Ausrichtung hat sich zwar auch in Deutschland gut bewährt, aber Bildung ist kein regionales Thema. Wir müssen endlich mal die alten Zöpfe abschneiden, vor allen bei den Kernthemen wie der Ausbildung unserer Kinder und Jugend. Hiervon hängt die zukünftige Entwicklung unserer Volkswirtschaft ab und gehört deshalb zentral in die Bundeshoheit.

Aber auch bei anderen Themen und Aufgaben gibt es noch einiges an Abbaupotenzial und Straffung von Behördenleistungen und Aufgaben.

Wie schon im Vorwort ausgeführt, müssen wir unsere Kinder und Heranwachsenden nicht nur in Naturwissenschaften und Sprachen ausbilden, sondern unser Augenmerk verstärkt auf die Themen Politik, vergleichende Religionen und deren Entstehung,

Anthropologie, geografische und historische Entwicklung, Völkerwanderungen und Vermischungen, Kultur und Sitten, Sprachen und vieles mehr lenken.

Wir können heute nicht mehr nur regional oder national auf unser Land bezogen denken. Wir leben in einer globalen Welt, und daher gehören diese Themen stärker als noch vor Jahren zu einem umfassenden Bildungsstandard dazu. Aufgeschlossenheit und ein hoher Ausbildungs- und Bildungsstand helfen und schützen nicht nur unsere Kinder und Jugendlichen, sondern auch unsere Volkswirtschaften vor Rückwärtsorientierung und Terrorismus – wie hoffentlich auch unsere Politiker langsam erkennen.

Aber auch das Thema der Verrohung unser Sitten darf nicht fehlen. Seit geraumer Zeit hören wir immer häufiger von Übergriffen gegen Schüler und Schülerinnen und auch vermehrt gegen Lehrkräfte an unseren Schulen. Es geht dabei um rohe Gewalt, sexuelle Übergriffe und Vergewaltigung, Demütigung, Bedrohung, permanente Belästigungen durch einzelne Mitschüler oder Gruppen – oft mit entsprechenden Videoclips, die durch Schulen und ganze Orte gehen. Rund 30 Prozent unserer Jugendlichen haben schon diese bösen Erfahrungen machen müssen. Bei den Lehrkräften dürfte der Anteil ähnlich sein. Hier sind Schulen, Arbeitgeber und Politik gefragt, die Schutzbefohlenen nachhaltig zu schützen, und auch unsere Lehrer. Ein bloßer Verweis wird diese haltlosen, ins kriminelle abdriftenden Jugendlichen nicht von weiteren Taten abhalten. Wir müssen schon stärkeres Geschütz auffahren bezüglich der Konsequenzen für die Täter und diese Sanktionen auch umsetzten. Sonst wird es von denen nicht respektiert und die Wiederholung ist vorprogrammiert. Die Gesellschaft und die Schule muss Schranken setzten, wenn das die Elternhäuser nicht mehr können oder wollen. Wir müssen hier Verantwortung übernehmen und unsere Jugendlichen besser schützen!

Wichtig ist die Begleitung und Betreuung unserer Kinder von der Kita bis zur berufsnahen Ausbildung oder zur Hochschule. Alles ist gleich wichtig. Keiner darf wegen fehlender Mittel oder Betreuung bzw. Unterstützung durch das Raster fallen.

8. Globaler Ausgleich

Ausgleich für Vorteilsnahme und Exzesse der Vergangenheit

Wir sprechen hier über Kolonialismus, Krieg, gewaltsame Veränderung der Machtverhältnisse und Kultur, Preisdiktat und Ausbeutung durch Sklaverei und

Abschöpfung von Energien, Rohstoffen und vielem mehr früherer europäischer Generationen in verschiedenen Regionen der Welt, wie in Afrika inklusive Nah- und Mittelost, Asien und Südamerika.

Hier haben wir eine globale Verantwortung zur Wiedergutmachung. Statt Entwicklungshilfe benötigen wir Konzepte und deren Umsetzung mit langfristigen Patenschaften und Engagement, bis ein vorgegebenes Niveau von Infrastruktur, Bildung, Verwaltung und volkswirtschaftlicher Leistung erreicht und die Korruption weitestgehend ausgemerzt ist. Meines Erachtens das Mindeste, was wir tun können und müssen. Auch wenn das teilweise in einzelnen Ländern nur mit gewissem Druck und geduldigem, gutem Zureden zu erreichen ist.

Wir haben zu verhindern, dass immer mehr junge Menschen unter Lebensgefahr durch Schlepperbanden für teures Geld quer durch Afrika oder auch Asien nach Europa über das Mittelmeer flüchten und dadurch die wenigen vorhandenen Strukturen in Gewerbe, Kleinindustrie und Landwirtschaft ausgeblutet werden und die Zurückgebliebenen immer ärmer werden.

Die Aufnahme der Wirtschaftsflüchtlinge ist so, wie sie sich heute darstellt, wegen des hohen Aufkommens der Kriegsflüchtlinge auf Dauer nicht haltbar und erfordert Maßnahmen. Die aktuellen emotionsgesteuerten Beteuerungen von vielen Politikern und anderen Gruppen, dass wir uns an unsere Vergangenheit erinnern und alle aufnehmen, die nach Europa kommen, egal woher und warum, kann ich leider nicht teilen. Auch das ist reiner Populismus. Die Verhältnismäßigkeit, die wir vor 50 oder 100 Jahren hatten, lässt sich mit heute nicht vergleichen. Bevor wir solche einschneidenden Entscheidungen treffen, ohne die Bevölkerung mitzunehmen, sollten wir uns immer fragen, wozu das führt – das heißt, die Machbarkeit gut prüfen und die Konsequenzen der Maßnahme mit europaweiten Konsens, falls der überhaupt zu erzielen ist, abstimmen. Ich denke hier nicht an australische Modelle. Das geht absolut nicht! Aber Europa kann so oder so nicht alle noch kommenden Flüchtlingsströme aufnehmen. Wir dürfen doch nicht einfach die überkochenden Probleme wie z.B. in England, Frankreich und jetzt auch schon in Deutschland ignorieren, nur weil wir sie nicht in unseren Wohnvierteln haben und die Probleme nur vom Fernseher kennen. Wir bringen Flüchtlinge/Migranten verschiedener Kulturen und Religionen auf engstem Raum zusammen und siedeln diese irgendwo außerhalb oder als Insel in Vororten oder ländlichen Gebieten an. Mangels Personal, Geldern und auch Programmen unterstützen wir nur unzureichend die Integration der Menschen in Form von

Sprache und Kulturverständnis des Gastlandes. Wir sollten uns nicht wundern, dass so nichts passiert, und das ganz schnell ändern. Wir sollten endlich lernen, dass wichtige, notwendige gesellschaftliche Veränderungen auch schnell eine veränderte Gesetzesgrundlage brauchen. Durch die dargestellten Fehler findet die Integration oft auch nach Jahrzehnten nicht statt. Alleine schon wegen der immer noch unüberbrückbaren Sprachbarrieren. Wollen wir diese explosive Gemengelage irgendwann zum Kochen bringen? Wir haben in Berlin, Brüssel, London, Paris und anderswo gesehen, wo das hinführen kann.

Andererseits können wir uns nur schwer vor allen terroristischen Anschlägen schützen. Wir haben humanitäre Verpflichtungen, aber bevor wir die Aufnahme weiterer Flüchtlinge in dem Maße fortsetzen, sollten wir erst einmal unsere Hausaufgaben machen und die bestehenden Personal- und administrativen Probleme lösen sowie vor allem geeignete menschenwürdige, sichere, geschützte Räumlichkeiten für die Menschen finden. Mit mehr Geld, kompetentem Personal und einem belastbaren Konzept können wir erreichen, dass aus den Flüchtlingen ganz normale Bürger unseres Landes werden. Sonst sehe ich schwarz.

Die Begrüßung von Rechtsaußen durch PEGIDA, AfD und anderen menschenfeindlichen Aktivisten mit

Wort und Tat, trägt auch nicht zur Integration bei. Politische und Kriegsflüchtlinge können wir allerdings per Gesetz nicht abweisen. Wäre es nicht für alle Beteiligten sinnvoller und humaner, statt die Menschen zu entwurzeln, in deren Heimatländern vernünftige Lebensbedingungen für sie zu schaffen?

In Europa fehlt alleine schon der Platz, der in den Heimatländern der Flüchtlinge im Überfluss vorhanden ist. Nicht nur zum Wohnen und Leben, auch für Landwirtschaft, Gewerbe und Industrie. Was dort fehlt, ist die Infrastruktur, stabile politische Verhältnisse, ausgebildete Menschen und Startkapital, also die Entwicklung, die wir in Europa in den letzten rund 150 Jahren hatten. Zu dieser Zeit interessierten uns die Bodenschätze oder Arbeitskräfte (Sklaven) aus diesen Ländern mehr als deren Entwicklung. Diese Fehlsteuerung geht auf unser europäisches Konto. Wir brauchen sofort Aufbau- und Ausbildungsmaßnahmen, Exporthilfen und vieles mehr, um lokale Produktionen und Landwirtschaft weiter anzukurbeln und die Flüchtlingsströme in deren Heimatländer zurückzuführen. Wir müssen die Menschen dort langfristig durch vernünftige Strukturen, Arbeits- und Lebensbedingungen binden und mit unserer Unterstützung ein partnerschaftliches Miteinander langfristig erreichen. Hierbei könnten uns viele der bereits integrierten Flüchtlinge von gestern und heute helfen. Sie kennen die Sprachen, Gewohnheiten, Kultur, lokale Alltagsprobleme und vieles mehr besser als wir.

Die gut gemeinten partiellen Entwicklungshilfeprojekte mit den vielen internationalen hilfsbereiten Mitarbeitern sind nur ein Tropfen auf den heißen Stein. Das meiste verpufft schon nach kurzer Zeit. Dinge gehen kaputt und können lokal nicht mehr repariert werden. Es fehlt einfach das dazu notwendige Geld, Werkzeug und die Kenntnisse. Ich habe das schon in so vielen Ländern gesehen. Die Menschen vor Ort und die Entwicklungshelfer geben sich Mühe, aber langfristig weicht aus verschiedenen Gründen alles auf. Es fehlen einfach lokale Fachkräfte und Geld, sonst löst sich nach und nach alles wieder auf. Auf diese Weise werden wir die Probleme nicht lösen können. Meines Erachtens sind die alten Konzepte nicht schlüssig, und wir müssen uns schon mehr Mühe geben und uns dabei etwas Neues, alltagstaugliches einfallen lassen. Wir brauchen ein europäisches Aufbau- und Unterstützungskonzept. Wir müssen hier wirklich anpacken und die Ärmel hochkrempeln. Das kostet natürlich sehr viel Geld, aber das haben diese Länder durch die Ausbeutung der Kolonialmächte bereits vor vielen und für viele Jahre bezahlt. Nur so haben diese Länder und Menschen die Chance, ein vergleichbares Entwicklungsniveau, vergleichbare Lebensverhältnisse und Rechtsstaatlichkeit zu erlangen.

Es hört sich etwas wie Träumerei an, aber wenn man in einigen dieser Länder gelebt und gearbeitet hat, spürt man diese Verpflichtung und den Handlungsbedarf mehr als deutlich, und es tut einem in der Seele weh, wenn man diesen Länder noch die Schuld für ihre Misere oder auch ihre Entwicklungsstufe gibt. All die neuen schlechten Eigenschaften wie z.B. Korruption etc. gab es früher in den alten Stammeskulturen nicht. Das haben sie erst später von den Kolonialherren und den neuen Machthabern gelernt.

9. Sukzessive Anpassung der unterschiedlichen Entwicklungsstufen

Mit Toleranz und Akzeptanz anderer Kulturen und Strukturen müssen wir die Entwicklungsstufen mit Augenmaß anpassen und angleichen. Das könnte durch entsprechende Fördermaßnahmen (Patenschaften) und andere flankierende Hilfen sukzessiv in einem überschaubaren Zeitrahmen erreicht werden.

Federführend und initiierend müssen hier die weiter entwickelten Länder in Europa, Asien und Amerika sein. Das heißt aber auch, dass wir in den entwickelten Industrienationen eine besondere Verantwortung und Vorbildfunktion haben. Wir müssen anfangen, unsere Wegwerfgesellschaft zu überdenken. Überhöhten Konsum an Nahrungsmitteln, Energie etc. haben wir an die wirkliche Notwendigkeit anzupassen und entsprechend zu reduzieren, darüber hinaus Verschwendung und Anspruchsdenken abzustellen. Das Einsparpotenzial können wir an die Bedürftigen weiterreichen. Es wird nicht weltweit alles gleich, aber wir könnten weltweit menschlichere Lebensbedingungen schaffen.

Bei Verantwortung und menschlichere Lebensbedingungen muss ich immer wieder an die Brutstätte des Terrorismus in den Flüchtlingscamps in Nahost denken. Vor vielen Jahre habe ich zwei Tage mit einem israelischen Kollegen verbracht, dessen Familie schon seit Generationen als selbstständige Handelsvertreter in der Region leben und arbeiten, und wir haben sehr intensiv über die Zustände und Lösungsansätze fernab jeder Politik gesprochen. Es war ein jüngerer Mann, der die Menschen und Probleme durch seine Arbeit und sein Leben in den beiden Welten wie seine Westentasche kennt und auch viele arabische Freunde hat. Von ihm habe ich damals die furchtbaren, unerträglichen Zustände in den Flüchtlingslagern im Detail geschildert bekommen. Trotz der Millionenhilfen der EU für die Flüchtlingscamps hat sich seit deren Eröffnung vor vielen Jahren kein Stück verbessert. Im Gegenteil, das für die Camps vorgesehene Geld floss in die Kasse der palästinensischen Selbstverwaltungen und diente im Wesentlichen zur Deckung der Verwaltungskosten, dem Kauf von Waffen und Durchführung von Terroranschlägen. In die Flüchtlingslager fließen bzw. flossen davon nur einige Tropfen, dargestellt als großzügige Spenden der Hamas oder Hisbollah, jedoch nicht als die laufende Flüchtlingshilfe der EU zum Wiederaufbau und zur Unterstützung der notleidenden Menschen. Die Lebensbedingungen für die Menschen wurden dadurch immer schlimmer. Zwischenzeitlich hat sich die Lage auch im Gazastreifen drastisch verschlechtert. Die UN-Hilfe reicht nicht aus. Ein fruchtbarer Nährboden für die Anwerbung von Terroristen und vor allem Selbstmordattentäter. Wenn es einem selbst und der Familie so schlecht geht, lässt es sich leicht an den Himmel und die Jungfrauen glauben, vor allem wenn es dann noch obendrauf eine satte Prämie für die Familie gibt.

Vor ein paar Jahren hat man das sogar in Brüssel bemerkt und einiges umgestellt. Wir sollten hier gezieltere Maßnahmen für menschenwürdiges Wohnen und Leben ergreifen. Wir müssen diese Brutstätten trockenlegen, den Menschen eine neue menschenwürdige Heimat geben und ihnen wieder eine Perspektive aufzeigen. Das heißt die Lager abreißen und neuen menschenwürdigen Wohnraum schaffen, integriert in vorhandene Wohnviertel. Hierzu müssten aber auch die arabischen Anrainerstaaten ihren Beitrag leisten!

Vielleicht würde uns auch zu diesen Themenkreis mehr sachliche Hintergrundinformation und Berichterstattung aus den betroffenen Wohnvierteln und Gebieten in entsprechenden Formaten und Sendezeiten weiterhelfen. Meistens bekommen wir aber vor Ort nur das gezeigt, was wir sehen sollen, und auch nur das können wir drehen. Weitere Hintergründe gibt es normalerweise nicht.

10. Sensationslust & Häme

Ein anderes Kapitel ist unsere Sensationslust und unsere nicht zielgerichtete Neugier, vielleicht der Ausdruck der neuen menschlichen Egomanie. Obwohl das alles nicht neu ist, ließe sich vielleicht doch hier etwas ändern. Ich kann mich noch an meine Teenager zeit erinnern, als wir die Anfänge der reißerischen Berichterstattung in Deutschland durch die „Bild" u.a. mitbekommen haben, den heimischen „Express" gab es noch nicht. Wir machten uns damals mit makabren Sprüchen über diese neue Art von Sensationsjournalismus lustig, indem wir die Schlagzeilen leicht veränderten wie z.B.: „Bild stieg in den Schacht und sprach zuerst mit den Toten."

Das Ziel ist immer das gleiche: mit dem Leid der anderen „Nachrichten" verkaufen, ohne die wir auch gut leben könnten, und die Storys auszuquetschen, bis nichts mehr geht. Natürlich haben sich die Zeiten verändert und wir leben in einer globalen, vernetzten Welt. Aber brauchen wir all die schlechten Nachrichten, die Hassbotschaften und die Überflutung von Reizen, Information, Kommunikation etc. wirklich zum Leben? Feuert das nicht nur bei vielen die Tristesse an, die häufig zu Depressionen führt, und bei wieder anderen wird die Nachahmung angeregt? Warum berichten bzw. informieren wir nicht in einem ebenso großen Blog oder Aufmachung oder besser und größer über all das Positive, all die vielen kleinen Dinge, die auf der Welt und auch lokal geschehen? Das ist zwar für einige vielleicht nicht so sensationell, aber ist das nicht viel wichtiger für uns Menschen? Wenn man nur genau hinguckt, gibt es mehr als genug zu berichten.

Kommen wir nicht neben dem positiven Blog mit einem sachlich informativen, interrogativen, recherchierenden Journalismus ohne Meinungsmache aus? Das wäre doch eine journalistische, redaktionelle und herausgeberische Herausforderung. Eine Aufgabe läge schon auf der Hand: die sachliche Aufklärung über Hintergrund und falsche Ziele der Rechtspopulisten bzw. Nationalisten in klaren verständlichen Worten. Warum sich einige Politiker etablierter Parteien statt bei der Aufklärung mitzuhelfen, sich mit ihren Äußerungen sogar vor deren Karren spannen lassen, wie der Kreis um die CSU Spitze, ist mir vollkommen unverständlich. Aber vielleicht ist das nur eine Finte der CSU oder eine vorgezogene Wahlkampfstrategie. Christlich und sozial ist es nicht. Da treibt wohl die politische Gier zu Stimmenfang und Macht.

Wenn ich anderseits heute beim Abrufen meiner Mails zwangsläufig in die sogenannten Nachrichten meines Mailproviders komme, wird mir nur noch übel: Häme, wo immer es geht, zu bemängelndes Outfit von irgendwelchen Sternchen und Volltrotteln. Nachrichten im klassischen Sinne kennen die Leute nicht mehr. Es geht also auch immer noch schlechter. Gott sei Dank gibt es ja genug Alternativen. Eine andere Frage ist: Wie können wir dem ungezügelten Hass auf der Welt, gerade im Netz, entgegentreten? Trotz allem politischen Druck reagieren Facebook & Co. nicht bzw. nur unzureichend. Diese Medien fühlen sich offensichtlich, ähnlich wie die großen Investmentbanker, als Herren des Universums. Ich denke, wir müssen hier noch weiter gehen. Ohne Sanktionen und drastische Konsequenzen geht in unserer Welt wohl nichts mehr, und das fängt leider schon bei jungen Menschen an.

Vor ein paar Jahren bei einer geschäftlichen USA-Reise war ich für ein paar Tage in Pittsburgh bei unserer US Vertretung. Die Gespräche mit den Kollegen drehten sich neben dem Geschäftlichen um private und allgemeine Dinge und nicht um die große Politik. Ich kannte das von früheren Besuchen bei Verwandten in Minneapolis. Doch dieses Mal waren mein prädestinierter Nachfolger und ich an den Beschlüssen/Ergebnissen des laufenden G8-Gipfels interessiert. Keine Chance. Durch Zeitverschiebung und Arbeit standen uns nur lokales Radio, TV und Zeitung zur Verfügung. Doch diese Medien befassten sich fast ausschließlich mit lokalen Dingen. In den Nachrichten im Autoradio wurde stolz berichtet, dass Verbrecher oder Vergewaltiger wie und wo geschnappt wurden und es gab Berichterstattungen über viele andere positive Kleinigkeiten des täglichen Lebens. Wie sie sehen, hat diese Art von Berichterstattung, nach anfänglichem Schmunzeln, einen tiefen, bleibenden Eindruck bei mir hinterlassen. Brauchen wir den reißerischen Sensationsjournalismus wirklich oder leben wir friedlicher ohne ihn? Sollten wir nicht mehr auf das Positive, Gute gucken, ohne dabei auf kritischen Journalismus und gute Recherche zu verzichten? Mehr noch, neben dem Informativen sollte im kritischen, hinterfragendem Journalismus gerade in der Zukunft der Schwerpunkt liegen. Aber es sollten auch Antworten gegeben und Gutes unterstützt werden. Alles sachlich, realitätsnah, ohne viel Blut, Hetze und Häme wie so häufig von Nachrichtendiensten wie Yahoo und anderen.

11. Schutzfunktionen unserer Gesellschaft und Förderung von zivilgesellschaftlichem Engagement

Wir brauchen wieder mehr Eigenverantwortung und Initiative in der Gesellschaft. Wir übergeben zu viel und vor allem unangenehme Themen den rechtsstaatlichen Organen wie Polizei und Gerichtsbarkeit. Auch die Politik bringt sich da nicht gerne ein, da es meist keine Lorbeeren zu ernten gibt und alles viel Geld kostet. Vieles ist grenzwertig, und allzu oft bleibt ein „Geschmäckle". Das gilt neben dem besseren Schutz unserer Demokratie auch für die Drogen, die Waffen- und Rüstungsindustrie und einige andere Themen, die wir besser regeln können:

⇨ Schutz unserer Kinder vor Übergriffen aller Art und Begleitung ins Erwachsenwerden, mit klarer Gesetzgebung und zeitnaher Umsetzung von spürbaren Sanktionen.

⇨ „Wir"- statt Ichbezogenheit. Ich will mich in irgendeiner Form von der Masse abheben, aber auch von dieser wahrgenommen und geschützt werden. Wir schauen viel zu sehr auf uns selbst und vergessen dabei unsere Mitmenschen und Nachbarn mit ihren Sorgen und Nöten.

Diese Egozentrik, die es zwar auch schon in früheren Epochen gegeben hat, ist in der heutigen Zeit in allen Schichten ausgeprägt. Durch die neuen sozialen Medien, Onlineshopping u.v.a. kann ich nicht nur meine Einkäufe, also die Befriedigung meines Egos durch bestimmtes Konsum- und Kaufverhalten direkt mit meinen Freunden teilen. Ich kann sogar immer und alles, also mein ganzes Leben durch permanente Onlinepräsenz mit meinen vielen sogenannten „Freunden" bei Facebook etc. teilen. Nur leider ist diese Art von „Teilen" kein „Wir", sondern auch wieder Egozentrik. Nicht wir, sondern ich zeige den anderen, was ich denke, kann und habe. Es ist auch kein Individualismus, eigentlich schon eher ein Massenverhalten, wenn wir es genau untersuchen. Individualismus heißt stark sein und nicht in der Gleichmacherei der Masse untergehen. Heißt, sich um den „Nächsten" kümmern, eine eigene Meinung haben und danach zu leben und verantwortungsvoll zu handeln und keine Angst zu haben, nicht konform zu sein. Soweit dieser kleine Exkurs.

⇨ Verbot der aktiven, professionellen Einflussnahme von Lobbylisten einzeln oder in
Gruppen in allen Parlamenten. Von der
kleinen Gemeinde bis nach Brüssel. Vorteilsnahme aller Art von Abgeordneten
muss unter Strafe gestellt werden, sonst
verändert sich nichts und das Kapital bestimmt weiter, wo es lang geht. Mit Politik
oder Parlamentarismus hat das absolut
nichts mehr zu tun. Bekämpfung und abschreckende Konsequenzen wären der
richtige Anfang. Gleiches gilt für die Korruption.

Was wir aber brauchen, ist eine funktionierende
Plattform für die Bürger, aber auch für Industrie und
Gewerbe, wo berechtigte Wünsche, Forderungen,
Stellungnahmen und Erklärungen eingebracht werden können. Ein entsprechendes detailliertes Feedback der Behörden oder der Politik muss andererseits auch zeitnah als Bringschuld erfolgen und sichergestellt werden.

⇨ Unsere Gerichtsbarkeit muss so neutral
sein, dass die berechtigten Interessen von
Unternehmen in Gewerbe und Industrie
genauso geschützt werden wie die von natürlichen Personen. Darüber hinaus müssen wir von unseren Gerichten auch ge-

rechte Urteile verlangen dürfen, auch wenn die Umstände unangenehm sind.

Wir sehen es gerade in NRW, aber auch anderswo, dass die Richter immer wieder, auch bei Delikten mit Todesfolge, sich nur am Mindeststrafmaß orientieren. Dieses Strafmaß ist in NRW deutlich geringer als in anderen Bundesländern wie z.B. Bayern. Das heißt, dass hier Straftäter bei Vergehen mit Todesfolge in der Regel mit Bewährungsstrafen nach Hause gehen. Für diese Leute ist das wie ein Freispruch zweiter Klasse. Auch hier zeigen sich wieder die Grenzen des föderalistischen Systems.

Hier brauchen wir dringend eine Überarbeitung der Strafmaße und eine bundesweite Anpassung. Also gleiches Recht im ganzen Land. Vor allem unsere Richter und Gerichte dürfen sich nicht wundern, dass die Verrohung unserer Gesellschaft und vor allem jüngerer Menschen gewaltig zunimmt. Ohne angemessene Sanktionen und Konsequenzen für Fehlverhalten gibt es keine Einsicht! So sind wir Menschen, leider. Das liegt natürlich auch an fehlender Erziehung in den Elternhäusern. Vielfach müssen hier die Erzieher und auch die Richter Versäumtes nachholen.

Wir hören es immer wieder und immer öfter, wie Menschen, ob jung oder alt, auf der Straße, auf

Bahnhöfen, im Zug und in Bussen, also öffentlich, von Gruppen oder Einzeltätern niedergeschlagen oder zu Tode geprügelt oder getreten werden, neuerdings auch die U-Bahn-Treppen herunter getreten werden.

Das ist doch abartig und nicht mehr normal! Ohne drastische Konsequenzen und flächendeckende Überwachung des öffentlichen Raums wird sich hier nichts ändern. Wir müssen hier auf etwas Freiheit verzichten und gewinnen dafür aber deutlich mehr Sicherheit.

⇨ Ein neues Einwanderungs- und Asylgesetz ohne Arbeitssperren, aber mit klaren Regeln und Fördermaßnahmen als Voraussetzung und Basis für einen funktionierenden Integrationsprozess, mit allen seinen Rechten und Pflichten. Dazu gehören aber auch Forderungen an den Neubürger, verbunden mit einem klaren angemessenen Kontrollmechanismus und Konsequenzen bei Nichterfüllung bezüglich der Einhaltung seiner Pflichten wie z.B. Sprache, Arbeitsqualifikation und Arbeitsuche sowie Akzeptanz der Kultur des Gastlandes etc. Zur Kultur in Europa gehört auch das Gleichstellungsrecht der Frau in der Gesellschaft, und das schließt das Arbeitsleben mit ein.

Wer das nicht akzeptieren kann und will, muss bedingungslos zurückgeführt werden, sonst gibt es in der Zukunft schlimme Folgen für uns und unsere Kinder.

⇨ Wir müssen uns hüten, den Neubürger (vermeintlich) besserzustellen als den Altbürger, aber auch nicht schlechter! Weniger emotionale Lösungen und mehr rationale Ansätze wären hilfreich. Wir haben sonst einen irreparablen Bumerangeffekt.

Wir müssen die „Neuen" willkommen heißen, begleiten und fördern und als Gegenleistung eine aktive Integration einfordern. Die Offenlegung aller Aufwendungen und Kosten für diesen Bereich wäre wünschenswert. Nur so kann die Gesellschaft mit erhobenem Haupt sich dieser sensiblen Thematik stellen und Rede und Antwort stehen.

Die Flüchtlingswelle im Herbst 2015 zwingt uns zum Handeln. Wir müssen raus aus den emotionalen Diskussionen und Spielen mit der Angst. Wir brauchen eine sichere Registrierung aller Flüchtlinge mit eindeutigem Identitätsnachweis und überall da, wo die rechtliche Grundlage durch das Asylrecht gegeben ist, ein schleuniges Asylverfahren, einen beschleunigten Integrationsprozess und sofortigen Zugang zum Arbeitsmarkt. Wir müssen bedenken, dass ohne die Flüchtlinge Europa schrumpft. Und seien wir ehrlich, die Flüchtlinge sichern die Renten der kommenden, nachrückenden Generationen. Daher ist sogar eine gezielte Integration zwingend notwendig.

Das sollte uns im Vergleich dazu die geringen Integrationskosten doch Wert sein. Ganz zu schweigen von der humanitären Verpflichtung, die wir oft verdrängen wollen. Besonders der rechte Rand und sogar die CSU zum Leidwesen der katholischen Kirche, sollten das wissen.

Leider wird das von den Populisten am rechten Flügel, aus kurzfristigem Eigeninteresse, nicht so kommuniziert. Viele sägen so den Ast ab, an dem deren Rente hängt. Eine Art Parallele zu den Brexit Befürwortern drängt sich hierbei auf.

⇨ Den Schutz und die Wahrung der Identität der „Altbürger" brauchen wir andererseits aber auch. Hier sind Begriffe wie Tradition, Heimat, Gewohnheiten, Lebensart und auch regionale Eigenheiten mit gemeint. Die Integration der „Neubürger", die die „Altbürger" schon temporär zu finanzieren haben, darf zu keinen einschneidenden Einschränkungen und Veränderungen im täglichen Leben führen. Das Ziel sollte eine

Bereicherung der Kulturen sein. Wir müssen die Ängste vieler Bürger vor Überfremdung, auch wenn sie noch so unbegründet sind, verstehen und ernst nehmen. Wir müssen diese Menschen mitnehmen und nicht dem rechten Rand überlassen.

Die Kultur des Gastlandes und deren Gesetze und Rechtsstaatlichkeit müssen von allen neuen Bürgern akzeptiert werden und sind Teil der Integration! Wir müssen das auch glasklar kommunizieren, und wer das nicht will oder kann, ist in Europa am falschen Ort. Das heißt, wir müssen dann sofort mit aller Konsequenz gegensteuern und die erforderlichen Maßnahmen ergreifen.

Es ist daher an der Zeit, gesetzliche Grundlagen zum Schutz der Bürger auf europäischer und nationaler Ebene zu schaffen, aber auch um die Menschen – und nur um diese geht es –, die das nicht akzeptieren und sich nicht integrieren wollen, wieder kurzfristig auszubürgern und zurückzuführen. Sonst gibt es mehr und mehr sozialen Sprengstoff, als uns allen lieb ist. Bei allem Verständnis und aller notwendiger Unterstützung und Anteilnahme für die Flüchtlinge, das sind die Spielregeln. Überall auf der Welt, auch bei uns.

Das hört sich alles nicht gut bzw. nach Schmusekurs an, aber diese so wichtige und riesige Herausforderung, der wir uns zweifelsfrei stellen müssen, kann nicht ohne klare Spielregeln ablaufen. Ohne die notwendigen Gesetze funktioniert das leider auf Dauer nicht. Und wir sind auch verpflichtet, uns über Konsequenzen der Zukunft Gedanken zu machen, also uns nicht nur auf die Integration zu konzentrieren, sondern auch auf den Schutz der Altbürger und die Kontinuität unserer europäischen und auch regionalen Identität.

In meiner Wahrnehmung – und das gilt auch für viele meiner Freunde und Nachbarn – ist der größte Störfaktor nicht das Thema bzw. die Zahl der Flüchtlinge, sondern das, was die Rechtspopulisten und Fanatiker daraus machen – ein Trend, der sich überall in Europa abzeichnet. Vor allem dort, wo es nicht ausreichend Arbeit gibt und die sozialen Strukturen und das Bildungsniveau eher schwach sind, sei es in ländlichen Gebieten oder in Ballungsräumen, aus denen die „Arbeit" ausgewandert ist bzw. eingestellt wurde. Hier wird schon seit vielen Jahren weggesehen. Ich finde das Ganze viel beunruhigender als die ganze Flüchtlingsdiskussion.

Gerade hier in den sozialen Brennpunkten einiger Großstädte haben sich schon seit einigen Jahren illegale Einwanderer und meist osteuropäische

Clans niedergelassen und die Herrschaft in diesen Vierteln mit ihren eigenen Strukturen übernommen – sehr zum Leidwesen der verbliebenen Nachbarschaft, Stadtverwaltung und Polizei, die sich kaum noch in diese Ecken trauen.

Zur Demokratie gehört auch Rechtsstaatlichkeit, also Recht und Ordnung, und die müssen wir als Gesellschaft auch einfordern, auch wenn es manchmal unangenehm ist und einschneidende Maßnahmen und Veränderung gefordert sind.

Was können wir noch tun?

1. Fakten, Aufklärung und Bürgernähe, das heißt die Menschen ernst und mitnehmen,

2. qualifizierte Ansprechpartner vor Ort, nicht nur zu den Wahlen,

3. die Situation für die Menschen durch Taten sichtbar verbessern,

4. die Flüchtlinge schützen!

5. konsequente Auflösung der Clan-Strukturen,

6. permanente Präsenz der Ordnungskräfte.

Hier helfen nicht nur Worte, sondern Glaubwürdigkeit und Maßnahmen zur sichtbaren strukturellen

Verbesserung und mehr Beschäftigung, auch mit qualifizierten Arbeitsplätzen. Die Menschen in den Problemzonen wollen Taten sehen – das heißt konkrete Programme, keine Versprechungen. Nur so ist es machbar! Zu unserer Sicherheit müssen wir aber auch für einige Zeit auf alte Gewohnheiten wie z.B. rasche Kontrollen am Flughafen und anderswo verzichten. Das wird jetzt gründlicher durchgeführt werden müssen. Damit können wir wohl leben. Aufgrund der unzureichenden Kontrolle und Identitätsprüfung bei der letzten Flüchtlingswelle ist dies zu unserem und auch deren Schutz zwingend notwendig. Wir können dadurch nicht alles Schlimme verhindern, aber besser aufklären und uns vor bestimmten Personenkreisen schützen. Ganz zu schweigen von den Verpflichtungen im internationalen Staatenverbund, denen wir auch nachkommen müssen. Die Kompetenzproblematik muss aufgelöst und entsprechendes Personal bereitgestellt werden.

Neben der traditionellen rechten Szene, die durch PEGIDA und AfD gestärkt wurde, haben wir auch eine rasch anwachsende gewaltbereite Salafistengemeinschaft. Hinter diesen Leuten verbirgt sich viel sozialer, aber auch tatsächlicher Sprengstoff. Die Salafisten, vielfach Konvertiten, die trotz der grausamen Erlebnisse in Nahost auch in Deutschland bzw. Europa einen Islamischen Staat aufbauen wollen, müssen mit allen Mitteln ausgebremst werden.

Lt. Verfassungsschutz ist die Zahl von 2.300 in 2011 auf 7.300 in 2015 angewachsen, wahrscheinlich sind es noch viel mehr. Von diesen Herrschaften sind mehr als 650 in Kriegsgebiete gezogen und kamen bzw. kommen irgendwann noch stärker verblendet und verroht zurück. Wir dürfen dem nicht weiter zusehen und müssen unsere Gesellschaft und Demokratie – für diese Menschen ein Fremdwort – schützen. In Europa brauchen wir diese Szene nicht. Wir sollten uns als Gesellschaft auch klar artikulieren und schützen, das heißt die gesetzlichen Grundlagen schaffen und dann die notwendigen Schritte unternehmen. Alles andere ist ein Schuss nach hinten. Wir müssen unbedingt lernen, dass wir zum Schutz unserer Demokratie auch unpopuläre Maßnahmen ergreifen bzw. umsetzen müssen. Erste Schritte sind schon gemacht worden, und das ist gut so. Wir müssen den Mut haben, die o.g. Maßnahmen konsequent umzusetzen, nationale Täter weiter unter Beobachtung stellen und wo immer möglich den relevanten Gefährderkreis unbedingt in die Heimatländer zurückführen. Es gibt meines Erachtens keine Alternative.

⇨ Schutz vor religiösem und politischem Fanatismus, Hass und Wahn, Salafisten, IS, Terroristen, Kriegstreiber und politische Verführer sowie Hassprediger wie PEGIDA und anderen Demagogen. Beim Schreiben merke ich schon, dass wir rationales Fahrwasser verlassen und die Dinge schwammig werden. Trotzdem müssen wir uns und unsere Gesellschaft besser schützen als bisher. Sonst gehen wir in Anarchie oder Schlimmerem unter.

Wie schon gesagt, müssen wir die salafistischen Moscheen schließen und alle Hassprediger ausweisen. Wir müssen diesem Personenkreis mit allen legalen Mitteln klarmachen, dass sie außerhalb unseres Wertesystems stehen und wir alle rechtlichen Schritte nicht nur einleiten, sondern auch umsetzen. Gegebenenfalls müssen wir hier noch kurzfristig die gesetzliche Grundlage erweitern, das heißt die Umsetzung drastischer, auch lebenslänglicher Freiheitsstrafen, Fußfesseln und wo immer gegeben und möglich Ausweisung!

Darüber hinaus gehört unser Augenmerk nach Saudi Arabien, die Brutstätte des radikalen Islams, die nicht nur in Deutschland, sondern überall auf der Welt, wohl aus Machtdenken oder Zukunftsträumen, wahhabitische Moscheen aufbauen, den radikalen Islamismus dadurch finanzieren und verbreiten. Sie stecken wohl auch hinter 9/11, und die Amerikaner wissen das. Was für eine Welt! Wird hier Öl gegen Menschen aufgewogen?

Hier hört die Gutsmenschlichkeit auf. Rationales Handeln zum Schutz der Bevölkerung statt Emotionen ist gefragt und angesagt. Nur so können wir ein friedliches Miteinander ohne Ängste mit unseren islamischen Mitbürgern, die wie alle anderen in Frieden ihrem Glauben nachgehen wollen, auf Dauer erreichen.

Ich habe in einigen Ländern Asien, Afrikas und Nahost gelebt und gearbeitet und habe sehr viel gelernt und Positives mitbekommen. Ich habe Freundlichkeit und Gastlichkeit erlebt und erfahren, wie sie es bei uns schon lange nicht mehr gibt, natürlich auch die Schattenseiten. Überall galt aber: Du bist hier Gast, also respektiere und halte dich an unsere Sitten, Gesetze, Religionen etc., dann kannst du hier in Ruhe leben und arbeiten und bist willkommen. Warum vermitteln wir das nicht auch auf gleiche Art und Weise in unserer „Willkommenskultur"?

Versuchen Sie einmal, in islamisch geprägten Ländern eine Kirche, einen Kulturverein oder Ähnliches zu bauen oder zu betreiben. Warum tun wir uns hier so schwer mit dem „Nein" und geben wo nötig klare Restriktionen bei Baumaßnahmen, nicht zumutbaren Veränderungen des Stadtbilds und anderem vor? Haben wir nicht auch das Recht, in unseren Traditionen weiterzuleben? Das hat nichts mit politischem Standort zu tun. Das gilt doch auch für mich als Liberaler, Grüner oder Sozialist, ohne auf dem rechten Flügel zu stehen. Ich glaube, in Deutschland tun wir uns noch immer mit den Altlasten aus der Nazizeit schwer. Erinnern ja, aber wir müssen auch wieder lernen, rational zu handeln ohne alte Schuldgefühle, die uns zu keinen vernünftigen, rationalen Lösungen führen.

⇨ Verbesserung und zeitgemäße Gefängnis-bedingungen.

⇨ Gestaltung des Aufenthalts und Unterbringung mit dem Ziel, dass die Menschen nicht krimineller rauskommen, als sie hineingehen

⇨ Vermeidung von jeder Art der Radikalisierung und ohne Koranschulen!

Der Aufwand, den die Gesellschaft zu tragen hat, muss zu einer wirklichen Resozialisierung führen. Das heißt erfolgreiche Wiedereingliederung in unsere Gesellschaft, auch wenn diese etwas mehr kosten würde, aber nicht zu einer Verschlimmerung führt, wie es teilweise heute der Fall ist. Hiermit ist keinem gedient. Gerade Jugendliche und junge Erwachsene, die aus Gefängnissen und Erziehungsheimen kommen, tragen maßgeblich zur Verrohung der Gesellschaft bei. Hier ist noch viel zu tun.

Drogen, Waffen- und Rüstungsindustrie

Zwei harte Themen, die wir gerne vor uns herschieben oder nur am Stammtisch diskutieren. Fangen wir mit den Drogen an:

Ich glaube, dass alle staatlichen Kräfte, die sich auch international mit dem Thema befassen, hervorragende Arbeit leisten und wir sehr viele Informationen über Drogenfluss, größere und kleinere Verteiler haben. Aber bei so viel umgesetztem Geld und Mengen mit enormen Profiten und hohen Sicherheitsvorkehrungen wechselt alles permanent, und die großen Spieler kriegen wir nie – nur die kleinen Händler und Transporteure.

Meines Erachtens lässt sich langfristig die Problematik nur durch Loslösung des Drogenkonsums aus der Kriminalität lösen. Der Schlüssel ist der Alleinvertrieb und die Verteilung durch autorisierte, kompetente, öffentliche Stellen. Durch die Entkriminalisierung werden die Kanäle und Strukturen von Ware und Geld nach und nach offener. Die Profite sinken und das Geschäft kommt über kurz oder lang aus der Schmuddelecke.

Ob der Konsum sich verändert, ist alleine durch die Straffreiheit nicht zu erwarten. Er kann sogar kurzfristig steigen. Aber ohne Freigabe haben wir keinen wirklichen Zugriff auf den Drogenfluss und die „Namen". Nur hiermit können wir auf Dauer öffentliche und internationale Kontrolle ausüben und sukzessiv auf Veränderungen einwirken und uns und unsere Kinder und Familien besser schützen. Es ist schon besorgniserregend, wenn wir sehen und hören, wie schon Kinder systematisch an den Konsum herangeführt werden. Gott sei dank wird das Thema von den Medien und in Fernsehfilmen und Dokumentationen begleitet und aufgeklärt.

Erschreckend ist auch der steigende Drogenverbrauch von Yuppies und Managern, die nicht aus Spaß, sondern alleine zur Leistungssteigerung und aus Konkurrenzangst zu harten Drogen greifen. Don Winslow hat vor ein paar Jahren zu dem Thema Drogen einen harten Roman verfasst, „Tage der Toten", der die Zustände in den mexikanischen Grenzbereichen zur USA und die Arbeitsweise der mexikanischen und auch kolumbianischen Clans höchst anschaulich beschreibt: deren Brutalität, aber auch deren Korruption und Kooperation mit führenden Köpfen der amerikanischen Drogenbekämpfungsbehörde (Drug Enforcement Administration, DEA), daneben die höchst gefährliche Sisyphusarbeit der DEA in Mexiko, für die viele Mitarbeiter ihr Leben opfern.

Im April 2015 las ich beim Frühstück in Köln von den Verhaftungen ranghoher Offiziere der DEA wegen

Bestechung durch die Drogen-Clans in Mexiko und Kolumbien anlässlich der Vorbereitung eines ministerialen Besuchs dort. Ich musste sofort wieder an sein Buch denken. Don Winslow hat wohl sehr gut recherchiert.

Wir sollten hier etwas tun und Mut zu diesem Schritt haben. Viele andere Varianten haben wir nicht, sonst bleibt alles wie bisher. Wir können uns nur schützen, wenn wir wissen vor wem und wo.

Feedback willkommen!

Waffen- und Rüstungsindustrie

In Deutschland (drittgrößter Produzent) und anderswo auf der Welt haben wir einiges an Waffen- und Rüstungsindustrie – ein Thema, das auf Dauer nur international gelöst werden kann. Wir müssen hier ran. In einer friedlich vernetzten Welt sollte das lösbar sein – aus heutiger Sicht mit weltweit zunehmender Zahl an Despoten aber wieder problematisch.

Wir brauchen mehr Transparenz und eine Offenlegung aller jährlich produzierten Stückzahlen und deren Abnehmer sowie deren Umsätze, Kosten und Erlöse. Es würde das Bewusstsein stärken, aber ob es etwas bringt in Richtung friedvollem Zusammenleben, muss sich dann noch in der Zukunft zeigen? Oder feuert es am Ende noch die Produktion anderswo an, wo nicht offen mit den Zahlen umgegangen wird?

Wie bei den Drogen: ein Thema zum Nachdenken und Sich einbringen. Feedback willkommen!

Wir müssen daran denken, dass wir für all die genannten Themen die Mittel haben, sobald wir das Banken- und Finanzmarktthema im Sinne der Allgemeinheit gelöst, also die Geldhoheit wieder an die Staaten/Länder und deren Zentralbanken zurückgeführt haben. Ich denke, das ist auch unser Kernthema, und hier bedarf es gewaltiger Anstrengungen von uns allen.

12. Werte und qualitative Ziele gemeinsam Schaffen und artikulieren

Neue Werte und Ziele für unsere Gesellschaft schaffen ohne Gleichmacherei und Zwanghaftigkeit.

Auf Basis der vorhergehenden Anregungen können wir das formulieren, was gut und nachhaltig ist für unsere Erde, uns Menschen und alle anderen Mitbewohner und die Natur. Auch wenn wir nicht alle Ziele sofort und überall umsetzen können, müssen wir damit anfangen, wo immer es geht. Sonst kommen wir nicht weiter!

⇨ Individualismus nur mit Verantwortung des Einzelnen für sich und andere und in Harmonie mit seinen Mitmenschen.

⇨ Mehr Sicherheit durch Verzicht auf überzogenen individuellen Datenschutz und flächendeckende Überwachung öffentlicher (!) Plätze. Was soll die Geheimniskrämerei? Der Spaziergang mit der Gespielin oder was auch immer interessiert doch keinen!

⇨ Kein „Big Brother", aber raus aus der Anonymität. Wir können und dürfen unsere Individualität nicht auf Kosten der Sicherheit anderer ausleben.

⇨ Wohlstand, Wachstum und Quantität alleine sind keine qualitativen Ziele.

⇨ Verzicht auf Abgrenzung und „anders sein" – wir haben alle die gleichen Wurzeln – unabhängig von Hautfarbe, Religion, Sprache.

⇨ Humane Werte und Ziele schaffen und zu den Menschen transportieren.

⇨ Stagnation ist absolut nichts Schlechtes und meist gut und richtig für uns und unsere Erde.

⇨ Rückgang zugunsten qualitativer Verbesserung ist besser als Wachstum!!!

⇨ Überfluss hat uns Menschen bisher keine Lösungen gebracht, da hat sich seit Kain und Abel nichts geändert. Überfluss feuert unsere Gier nur weiter an.

⇨ Auf Dauer führt steigendes Wachstum und Verbrauch zur Zerstörung unseres Planeten. Wir müssen herunterfahren – Qualität statt Quantität.

⇨ Umschichtung und Ausgleich schaffen zugunsten der armen und unterprivilegierten Bevölkerungsgruppen.

⇨ Wir brauchen Transparenz und gleiche, allgemein gültige Spielregeln und kompetente, unabhängige Schiedsrichter.

⇨ Mehr Ethik und Humanität statt Religion. Befriedung der Religionen durch die Gesellschaft. Keine Staatsreligionen oder Einflussnahme von Religionen auf Politik und Gesellschaft. Religion sollte alleine der individuellen Spiritualität dienen.

Hiermit soll nicht ein Abwenden von Gott oder dem menschlichen Gottesbewusstsein ausgedrückt werden. Im Gegenteil: Die Auswüchse, wie wir sie in der Gier und einer überzogen Ich-Bezogenheit bis hin zu Größenwahn sehen, sind Zeichen dafür, dass wir uns über die Dinge sowie die natürliche und gesetzliche Ordnung stellen. Wir sehen uns als Mittelpunkt des Universums oder oft sogar als Hand Gottes und werden immer verblendeter.

Wenn wir unsere Erde im riesigen Universum betrachten und die vielen Gesetzmäßigkeiten sehen, wie alles so einzigartig funktioniert, ist es nicht verwunderlich, dass auch sehr viele Wissenschaftler und Forscher an eine schöpfende, ordnende und lenkende Kraft im Universum glauben. Es gibt für vieles keine logischen Erklärungen. Ich nenne diese Kraft schlicht und einfach Gott, aber ohne Bart, Kreuz, Doktrinen usw. Es war für mich ein langer Weg, aber es hilft mir, meinen Alltag besser zu meistern und mich selbst nicht zu wichtig zu nehmen. Zu akzeptieren, dass Dinge, Situationen, Menschen usw. so sind, wie sie sind. Ich kann das nicht ändern und auch nicht die Welt, in der wir leben, aber ich kann täglich meinen Beitrag zu einem besseren Miteinander leisten. Ich hoffe, dass die hier dargelegten Gedanken auch dazu beitragen.

⇨ Integration aller Menschen/Völker/Länder, die willig sind, Menschenwürde und -rechte sowie Freiheit zu achten und beachten

⇨ globale Schutzfunktion/Verantwortung für Kinder, Wehrlose, Hungernde, Bedürftige etc., aber auch der Flora und Fauna

⇨ Bildung für alle, aber ohne Gleichmacherei

⇨ Gleichheit vor dem Gesetz für alle Rassen, Geschlechter, Herkunft, Religion; nicht ideologisch, aber humanistisch

⇨ Ein leichtes Auf und Ab wie in der Natur ist das normale = gesunde Ungleichgewicht auf unserem Planeten, auch für uns Menschen

⇨ mehr direkte Demokratie, Basisdemokratie, keine einseitigen Parteien, weder links, noch rechts oder nur Mitte, Diktaturen oder Monarchien. Einfach nur Vernunft, gesunder Menschenverstand und Menschlichkeit

⇨ Eigenverantwortung für ein gesundes Leben, Bildung und Ernährung. Wir können nicht immer nur nach dem Staat rufen. Diese Dinge liegen primär in unserer eigenen Verantwortung.

⇨ Unterstützung der Medien, insbesondere der öffentlich-rechtlichen, mit guter, verständlicher und anschaulicher Aufklärung der einzelnen problematischen Themenkreise. Nicht in einer Sendung, sondern in Folgen, mit etwas eingebauter Spannung, damit die Menschen dran bleiben. Das heißt gute, einfache Berichterstattung, verständliche Diagramme und Szenen mit guten Schauspielern. Soweit möglich Original-Interviews

ARTE macht ab und an zu einzelnen Themen sehr, sehr gute Beiträge, aber es müsste mehr folgen. Wir hören immer von Politik und Medien über die Komplexität der Themen. Das mag zwar im Einzelfall sein, aber wenn wir diese in ihre Einzelteile zerlegen, wird alles auf einmal klar und verständlich.

Den meisten Berufspolitikern fehlt ja auch der entsprechende Hintergrund. Sie steigen nach irgendeinem Studium oder auch später als Lehrer oder Rechtsanwälte in die Parteikarriere ein und mischen trotzdem in Parlamenten und in der Politik eifrig mit. Politik und Betriebswirtschaft sind ja im Grunde keine schwierigen Gebiete, habe sogar ich geschafft. Wir haben heute bereits eine gute, kritische Berichterstattung. Die sogenannte Lügenpresse ist eine

Erfindung der AfD und bezieht sich wohl eher auf deren eigene Kommunikation.

Was uns fehlt, sind mehr Basisinformationen und die Entkomplexisierung vor allem schwieriger Themen. Darüber hinaus feste Sendeplätze für fortlaufende Hintergrundberichterstattung. Wenn wir es schaffen, die Zuschauer mitzunehmen, können wir vielleicht auch auf diese Weise sogar auf Dauer die Politik-verdrossenheit aushebeln. Hierzu gehört z.B. die Erläuterung der so oft zu Unrecht verteufelten Globalisierung und andere komplexe Themen. Durch einfache, anschauliche Darstellung und Diagramme ließen sich Vorteile, Nachteile bzw. Grenzen der Themen und Probleme verständlich aufzeichnen. Es könnte gelingen, uns Menschen auch dadurch wieder stärker und aktiv in das öffentliche Leben einzubeziehen.

Dagegen war wohl die permanente Berichterstattung, Wiederholung und Überfrachtung zum Flüchtlingsthema im Oktober und November 2015 oder auch bei Attentaten zu jeder Tages- und Nachtzeit ein Bärendienst für die Flüchtlinge und für die meisten Menschen. Meines Erachtens wurde hiermit das Gegenteil erreicht, und statt Verständnis wurden Ängste geschürt. Ob das so gewollt war?

Oberstes Ziel für uns alle sollte eine intakte Welt als Erbe für kommende Generationen sein. Mit Menschlichkeit, ohne Hass, Neid und Gier (so weit wir das können), um ein menschenwürdiges Leben führen zu können. Im Einklang und Respekt vor Flora, Fauna und unserem blauen Planeten.

Das Streben nach Glück, Wohlstand und Fortschritt sind meines Erachtens natürliche Anlagen, die wir Menschen in uns tragen. Nur darf dieses Streben zulasten und auf Kosten anderer bzw. der Allgemeinheit gehen?

III. Quintessenz: Was ist zu tun?

Globale, verbindliche Spielregeln für unsere heute schon schnelle, digitale, globale Welt und einen globalen Markt, der aber bisher nur unzureichende und partielle lokale Regulierungen kennt!

Weltweite Verantwortung für Frieden, Ressourcen, Umwelt und die Zukunft der Erde und unserer Kinder und deren Nahrung, Hygiene, Bildung, Infrastruktur (Transport).

Hierzu gehört auch die öffentliche Kontrolle von Waffen und Rüstung (Industrie und Abnehmer) sowie des Drogenflusses zum Schutz unserer Kinder. Aber auch religiöse Exzesse und Rassismus sowie andere radikale Kräfte, die der Menschheit und einer humanistischen Weiterentwicklung schaden wollen. Das gilt auch ganz klar für die „nationalen" Demagogen und Despoten.

Wir müssen uns hier als Menschheit und Demokratie mit aller Macht zur Wehr setzen und das auch sehr deutlich mit entsprechendem Handeln und Gesetzen zeigen.

Unser Augenmerk gilt aber auch dem Kampf gegen den Hunger, der Gier und der immer stärker werdenden Verrohung unserer Gesellschaft und der Sitten. Unsere Gesellschaft krankt. Die Verrohung unserer Gesellschaft ist ein zunehmend wichtiges Thema, das wir nicht außer Acht lassen dürfen. Beispiele sehen wir jeden Tag und überall, nicht nur im Netz, sondern auch in Familien, Schulen, auf der Arbeit, bis in die Chefetagen kennen wir Mobbing, Rache, Aggressivität und Hass. Von Prügel, Ausgrenzung bis hin zum Totschlag, auch ohne Grund. Vergewaltigung und Massenvergewaltigung nicht nur in Indien, auch die Kriege aus Eitelkeiten und Fanatismus aller Couleur drücken das aus. Wir kennen keine Tabus mehr. In den Familien wird weniger gesprochen und Erziehung findet vielfach woanders statt. Auch sozialer Abstieg, Neid, Armut, niedrige Hemmschwellen in allen Belangen, wie in den Massenmedien und im Netz zu sehen, tragen zur Verrohung der Sitten und schließlich unserer Gesellschaft bei. Wir müssen hier gegensteuern!

Gerechte Verteilung und Bewertung der Produktionsfaktoren Kapital und Arbeit sowie unserer natürlichen Ressourcen, Nahrung und Energie.

Vielleicht müssen wir hier den Hebel viel stärker ansetzen, mehr als vielen von uns lieb ist. Wie wir wissen, sind die Ressourcen unseres Planeten begrenzt – ob Erdöl, Holz, seltene Erden, Nahrungsmittel, Befriedigung unserer Sinne usw..

Wir wollen immer mehr, höher, schneller, komfortabler etc.. Umsetzen kann dies jedoch nur ein begrenzter Kreis, meist ohne wirklichen Nutzen. Aber zu welchem Preis? – Zulasten der anderen! – Ich möchte an dieser Stelle nochmals Mahatma Gandhi zitieren: „Die Welt ist groß genug für die Bedürfnisse aller, aber zu klein für die Gier aller".

Wir brauchen größtmögliche Transparenz sowie klare Konsequenzen bei Verstößen. Einflussnahme und Kontrolle der Gesellschaft nicht nur auf die Arbeits- und Finanzmärkte, sondern auch auf die gesamte Weltwirtschaft, zum Wohle aller. Nicht zur Bevormundung und/oder Reglementierung, aber zum Einhalten der für alle geltenden (Spiel-) Regeln. Sozusagen als Schiedsrichter für Politik, Wirtschaft und Individuen.

Wir haben ja im Grunde schon eine Vielzahl von UN-Behörden, doch leider sind deren Möglichkeiten und Handlungsbefugnisse limitiert. Vielleicht lässt sich ja hier doch noch etwas bewegen. Es wäre hilfreich, wenn wir à la longue auch die Vetorechte der „Großmächte" aufheben könnten. Das würde vor dem Hintergrund derer Präsidialsysteme und der dahinterstehenden Personalien vieles in der Zukunft vereinfachen. Wir Menschen stellen uns selbst, unser Land etc. immer an die erste Stelle und dann erst die Sache. Wir sollten lernen, so schwer es uns auch fällt, aus unserem Ego sowie National- und Regionaldenken herauszuwachsen und rational und sachlich zum Wohl aller zu entscheiden, sonst wird es nichts. Das Wohl aller schließt uns doch ein!

Der allerwichtigste Punkt nochmals zum Schluss: das Verbot von Wettgeschäften und Spekulation im Kapitalmarkt sowie die Entflechtung und geordnete Rückführung der Finanzmärkte und Geldhoheit in die Zentralbanken unserer Staaten zur Stützung unserer Realwirtschaft und aller übergeordneten Projekte. Alles unter Federführung und alleiniger Aufsicht der Zentralbanken der Länder und Konti-nente wie in Kapitel 1.1 ausführlich dargestellt.

Zur Erinnerung: Dieser spekulative Kapitalmarkt ist mittlerweile 70- bis 80-mal größer als unsere reale Wirtschaft. Ein Spielkasino inmitten der Weltwirt-schaft. Ein perverser, dekadenter Luxus, den wir uns nunmehr seit rund 30 bis 40 Jahren leisten. Ohne die notwendigen Maßnahmen und Schritte werden die meisten von uns auf Dauer nicht mehr men-schengerecht leben können. Auch alle anderen auf-gezeigten Probleme und Themen werden wir ohne die Zerschlagung des sich von der realen Wirtschaft losgelösten Finanzmarkts nicht wirkungsvoll aufgrei-fen bzw. lösen können.

Wir brauchen hierzu sehr viel Geld, und zwar das Kapital, das von der Realwirtschaft sukzessiv zu den Finanzjongleuren in den Kapitalmarkt der Investmentbanken und Spekulanten abgewandert ist – und mit dem Geld auch sehr viel Moral und Menschlichkeit. Dieses Geld muss wieder zurückfließen, vielleicht kommt damit auch mehr „wir" zurück. Mit dem zurückfließenden Geld lassen sich nach und nach all die angeschnittenen, oft auch komplex erscheinenden Themen bewältigen und lösen. Natürlich brauchen wir auch das Engagement der Bürger, also in Richtung Zivilgesellschaft, wie wir es zurzeit in enormem Ausmaß bei der Bewältigung der Flüchtlingsströme sehen. Ohne dieses Engagement der zivilen Helfer wäre der Zustrom der Flüchtlinge gar nicht zu bewältigen gewesen.

Nach Regulierung der Finanzmärkte und Rücknahme der Geldhoheit der Staaten und Länder gäbe es wahrscheinlich nur noch wenige Milliardäre. Die Millionäre hätten auch einige Millionen weniger auf ihren Konten und müssten diese noch brav, wie alle anderen auch, versteuern.

Aber damit kann man doch leben, oder?

In der Mitte würde sich wohl nicht viel verändern, die Zukunftssorgen, vor allem die der Altersabsicherung, würden kleiner. Den Armen ginge es ungleich besser und die Zahl der hungernden Menschen von zurzeit rund einer Milliarde hätten wir mehr als deutlich nach unten gebracht. Das heißt, wir bräuchten keine Ängste entwickeln, denn keinem, aber auch keinem ginge es wirklich schlechter. Im Gegenteil.

Die Frage ist, wie können wir unsere Ziele umsetzen? Wie gelangen wir zu einer gerechten, auf das Wohl des Menschen ausgerichteten Rechtsprechung? Wie bringen wir die Politik dazu, die notwendigen Gesetzesänderungen zu beschließen und auch umzusetzen? Wir müssen die Politik mehrheitlich zum Handeln zwingen und erreichen, dass am Ende jeder vor dem Gesetz wirklich gleich ist. Dass nicht mehr das Kapital, Ansehen, Name, Status oder wirtschaftliche bzw. gesellschaftliche Bedeutung zählt. Dass eine natürliche Person auch tatsächlich einer juristischen Person gleichwertig gegenübersteht bzw. die gleiche Wertigkeit besitzt, also nicht mehr Geld, Macht und Ansehen letztendlich regieren, sondern eine relative Gleichheit und Gerechtigkeit gegeben ist. 100 Prozent wird es nie geben, aber eine vernünftige Annäherung wäre schon schön. Kontrollieren können wir das nur bei vollkommener Transparenz. Voraussetzung ist eine intakte Zivilgesellschaft mit funktionierender Basisdemokratie, in der nicht mehr die großen Spenden der Industrie und anderen Körperschaften bzw. vermögenden Personen oder Unternehmern zählen, sondern die Stimme jedes Einzelnen. Denn Geld alleine kann nicht denken, hat keine Stimme und geht nicht wählen.

Das Steueraufkommen aller Staaten sollte ausreichen, um überall die notwendigen Projekte umzusetzen, ohne Neuverschuldungen und trotzdem sukzessiv alle alten Schulden abzubauen. Wir sehen spätestens hier, wie verknüpft viele Dinge und die angesprochene Themenkreise miteinander sind. Der notwendige Ausgleich zwischen den Produktionsfaktoren Kapital und Arbeit ließe sich bei entsprechendem „guten Willen" durchaus in einem überschaubaren Zeitrahmen darstellen.

An dieser Stelle möchte ich nochmals darauf hinweisen, dass es bei diesen Forderungen und Maßnahmen um keine politischen Motive und Ziele geht, sondern einzig und allein darum, den nachkommenden Generationen wieder eine halbwegs intakte Welt zu schaffen bzw. zu hinterlassen.

Ich möchte aber auch nicht unerwähnt lassen, dass die Aushebelung, Entmachtung und Entflechtung bzw. Trockenlegung des parallelen Kapitalmarkts, der Schattenbanken und Investmentbanken einschließlich deren Geschäftsmodelle, Unterschlüpfe, Wetten und Spekulationsgeschäfte nicht einfach wird. Hierzu brauchen wir alle viel Mut und Stehvermögen, um die gesetzlichen Grundlagen zu schaffen und umzusetzen. Wir werden nicht alle Länder und Finanzplätze im ersten Schritt erreichen. Wenn es jedoch erst in einem der großen Wirtschaftsräume gelingt, ziehen andere nach. Es ist unsere einzige Chance und unser Vermächtnis, das wir den Generationen, die da kommen, hinterlassen können.

Unseren Planeten selbst haben wir ja schon ganz schön ramponiert. Natürlich ist es leichter, einfach so weitermachen wie bisher, in der Hoffnung, irgendwann regelt sich alles von selbst. „Der Herr wird's schon richten". Aber das passiert garantiert nicht und die Schattenbanken bzw. das dahinterstehende Kapital wird alles daransetzen, den Rest der Welt aufzukaufen und auszuhebeln als klein beizugeben. Geld haben sie ja.

Es ist unsere Aufgabe, hier Ordnung zu schaffen, und nicht die einer höheren Macht. Wir bzw. unsere Politiker und Banken haben es uns eingebrockt, also es ist unserer Ding. Wenn wir diesen wichtigsten Schritt getan haben, sind die restlichen Aufgaben und Veränderungen nur noch eine Frage der Zeit und Organisation, bis wir diese nach und nach umgesetzten können. Aller Anfang ist schwer. Aber es lohnt sich!

IV. Epilog

Der Mensch ist leider nicht nur gut. Umso komplexer, globaler, schneller und doch heterogener unsere Welt wird, umso eher brauchen wir globale Spielregeln für alle und umso wichtiger werden diese.

Wir brauchen noch keine Angst zu haben, aber andererseits ist es schon viel später, als wir denken. Wir sollten uns aber nicht auf eine friedliche Revolution verlassen, die uns dieser oder ähnlichen Lösungen für unsere Zukunft näherbringt. Wenn es einmal rumort, geraten die Dinge schnell außer Kontrolle, wie bei Goethes Zauberlehrling.

Unser Ziel sollte es sein, eine ausgeglichenere Zukunft und Gesellschaft zu gestalten – keine neue Welt. Eine Revolution bräuchten wir also im Grunde nicht. Darüber hinaus ist eine Neugestaltung nach einer evtl. auch blutigen Revolution in einer emotionsgeladenen Atmosphäre bestimmt nicht einfach und zufriedenstellend. Auch die Umsetzung der Ziele ist fraglich, und die Gefahr, vom Regen in die Traufe zu kommen, ist groß.

Andererseits, wenn es kein Einschreiten bzw. Einlenken in Richtung Vernunft von Politik und vor allem Kapital gibt, wird es zwangsläufig in ein paar Generationen zu sehr ernsten Auseinandersetzungen kommen.

Die größte Hürde wird das Kapital sein. Nach einigen Gesprächen glaube ich, dass es hier nicht ganz so freiwillig zum Einlenken bzw. zur Einsicht kommen wird. Der Mensch ist nicht ideal, und wir werden das in Zukunft auch nicht ändern können. Aber wir können, wie geschildert, für die Mehrheit aller das Leben leichter, erträglicher und gerechter gestalten. Wir haben Verantwortung für unsere Kinder und die zukünftigen Generationen sowie gegenüber unserer Erde. Obendrein hätten die verbleibenden Reichen und Superreichen ein besseres Gewissen.

Viele Themen mögen uns auf den ersten Blick sehr komplex, fast utopisch vorkommen, wenn es gegen die „Großen und Mächtigen" dieser Welt geht. Vieles erscheint uns fast unüberwindbar, aber je mehr wir uns mit der Thematik auseinandersetzen, mit anderen darüber sprechen, desto logischer, einleuchtender und einfacher wird es.

Wir müssen die Komplexität aufzulösen, zu den Menschen durchzudringen und deren Einsicht und Akzeptanz erlangen. Einfach anfangen, etwas zu tun: uns einbringen, artikulieren und mitmachen. Das heißt, diesen Themenkreis in die Gespräche und Diskussionen im Familien-, Freundes-, Bekannten-, Kollegenkreis, in Schulen und Sportvereinen etc. einbringen und uns nicht von Kritikern entmutigen lassen.

Es wird immer andere, konträre Meinungen geben. Damit müssen wir leben. Wichtig ist aufzustehen und sich zu engagieren. Hierzu bieten sich auch aktuell, neben anderen demokratischen Parteien und Organisationen, folgende Plattformen an: „die offene Gesellschaft", „Pulse of Europe", die „Vollgeld-Initiative" bzw. der „Monetative e.V.".

Bei den Letzteren geht es um den Hebel, um wieder Kontrolle über unser Geld und Kapital zu bekommen. Das geht natürlich nicht von heute auf morgen, aber es liegt an uns, Bewegung in die weitere Entwicklung hineinzubringen und Druck auf die Politik auszuüben. Offensichtlich ist die Politik ohne Druck nicht willens oder in der Lage, die ganzen ungesunden Entwicklungen und Fehler der Vergangenheit wieder zurückzudrehen.

Wir alle brauchen die Steuerung des Kapitals und der Finanzströme zur Stützung der Realwirtschaft und unseres realen privaten und öffentlichen Lebens. Die Finanzwelt und das Großkapital haben sich von beiden losgelöst und entfernen sich mehr und mehr vom Rest der Menschheit. Sie kommen auch den allgemeinen Verpflichtungen für diese, unsere Welt schon länger nicht mehr nach. Unsere Volkswirtschaften können auf Dauer nicht die entstandenen Lücken durch die Kapitalverschiebung in den losgelösten Finanzmarkt schließen. Schon seit

Längerem werden die Staatshaushalte überwiegend aus der Besteuerung der Mittel- und Unterschicht gedeckt. Auch die OECD hat in ihrem Bericht aus April 2017 die überdurchschnittlich hohe Besteuerung der Löhne und Belastung des Mittelstandes in Deutschland festgestellt und beanstandet. Das alles ist eine Farce, wenn wir an die ganzen steuerlichen Vorteile der Kapitaleinkünfte denken. Wo soll das für Otto Normalverbraucher und seine Familie hinführen?

Wenn wir, und das schließt die Politik mit ein, nicht bald handeln, werden uns „Normalos" mehr und mehr die notwendigen Mittel für ein lebenswürdiges Leben und den Erhalt unserer Welt bzw. Umwelt entzogen.

Die Verklappung von Abfällen aller Art wie Müll und Gift etc. in die Meere unserer Welt, vor allem aber von Kunststoffen, führte dazu, dass wir heute schon mehr Plastik als Meerestiere, sprich Fische in den Meeren haben. Weder der Organismus der Meeresbewohner noch der von uns Menschen ist auf den Verzehr von Plastik eingestellt. Wenn nicht schon heute, wird in naher Zukunft Plastik in unsere Nahrungsmittelkette gelangen. Die Konsequenzen können wir uns sehr leicht ausmalen.

Das Ende der Fahnenstange ist so schon in ein paar Generationen erreicht. Das ist kein Populismus, sondern das ergibt sich zwangsläufig aus den vorhergegangenen Kapiteln. Auch unsere Zukunftsforscher kommen zu diesem Ergebnis, wie Stephan Hawking (4/2017) und andere. Aktuell war dieses Thema auch Schwerpunkt im „Kölner Treff" (WDR) mit starker, kompetenter Expertise. Viele geben uns und unserer Erde nicht mehr als 100 Jahre.

Zum Schluss noch ein letzter Anstoß: Unsere Erde hat nur eine dünne Kruste, unter der sich kochendes Magma (flüssiges Gestein) befindet. Durch Vulkane oder Meteoriteneinschläge kam und kommt es immer wieder zu Austritten dieses tödlichen Gemischs aus Magma, Gas und Asche. So kam es wohl auch zu den Eiszeiten und dem Aussterben der Dinos und Mammuts. Der ein oder andere von uns sich noch aus dem Geographieunterricht an diese Dinge erinnert.

Mit dem Wissen von heute und den technischen Möglichkeiten, sogar Meteoriten partiell von unserer Erde fernzuhalten, sollten wir durch Raketenversuche wie in Nordkorea und anderswo sowie atomare Spielereien in den Meeren etc. neue Eruptionen nicht zusätzlich provozieren. Das könnte unser Ende sein!

Für unserer langfristiges Überleben gilt es daher folgende Ziele zu erreichen:

1. ein ausgewogenes Verhältnis von Arbeit und Kapital und somit sozialer Gerechtigkeit

2. Verrohung der Sitten aufzulösen und wieder zu einem friedlichen, freundlichen Miteinander zu gelangen

3. Schutz und Entlastung unseres Planeten durch stringente Reinigung und Kontrolle der Luft und Atmosphäre; der Erdoberflächen und der Meere, wo es schon mehr Plastik als Fische gibt. Das heißt Abfallvermeidung und 100 Prozent erneuerbare Energien.

Also, wenn uns unsere Erde lieb ist und wir auch unseren Kindern und Kindeskindern eine intakte Welt erhalten bzw. hinterlassen wollen, müssen wir bereit sein, uns zu bewegen, mitzumachen und von der Politik die notwendigen Schritte einfordern. Nur so kann es gelingen!

Es gibt noch eine Reihe anderer wichtiger Themen in unserer Gesellschaft, die es wert sind, aufgegriffen zu werden. Vielleicht eine gute Gelegenheit für ein Update dieser Gebrauchsanleitung.

Ich wünsche uns allen viel Glück und freue mich auf konstruktives Feedback an:

homoquovadis@yahoo.com

Danksagung

Mein besonderer Dank gilt meinen Freunden Jürgen Wellensiek und Rainer Müller für ihre Anregungen und konstruktive Kritik;

Christine Kolb für ihre Unterstützung bei der Umsetzung der 2. Auflage mit all den vielen Änderungen und Erweiterungen;

dem Verlagsteam von tredition, vor allem Frau Fleck, für die Hilfe bei allen technischen Detailfragen;

meiner Tochter Jennifer für ihr Engagement, ihre Hilfe, kritische Durchsicht und PR-Konzept;

vor allem aber meiner Frau für ihre grenzenlose Geduld mit mir.

Anhang

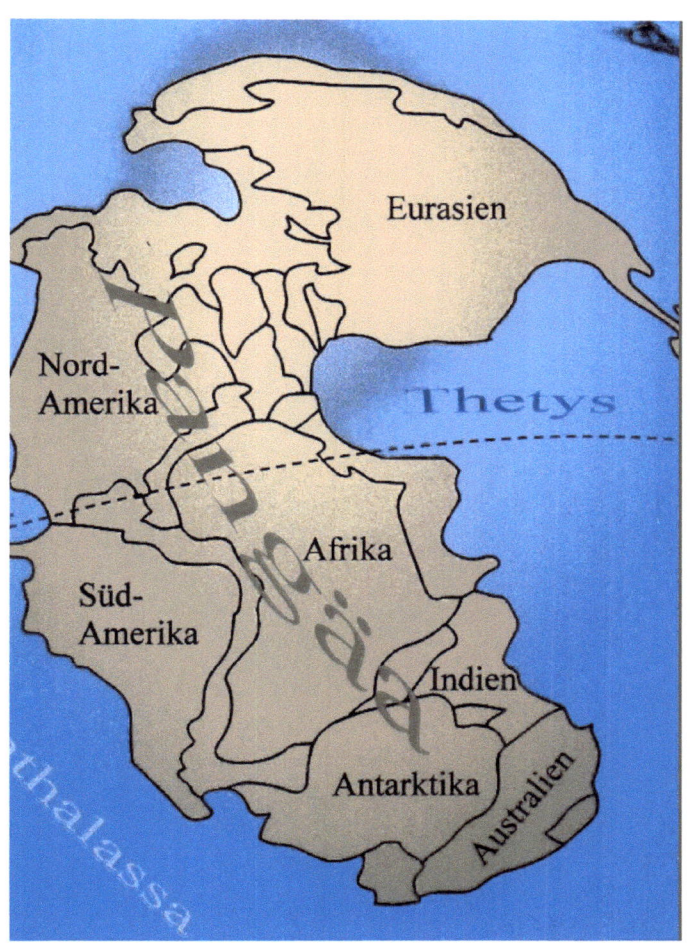

1. Megakontinent Pangäa

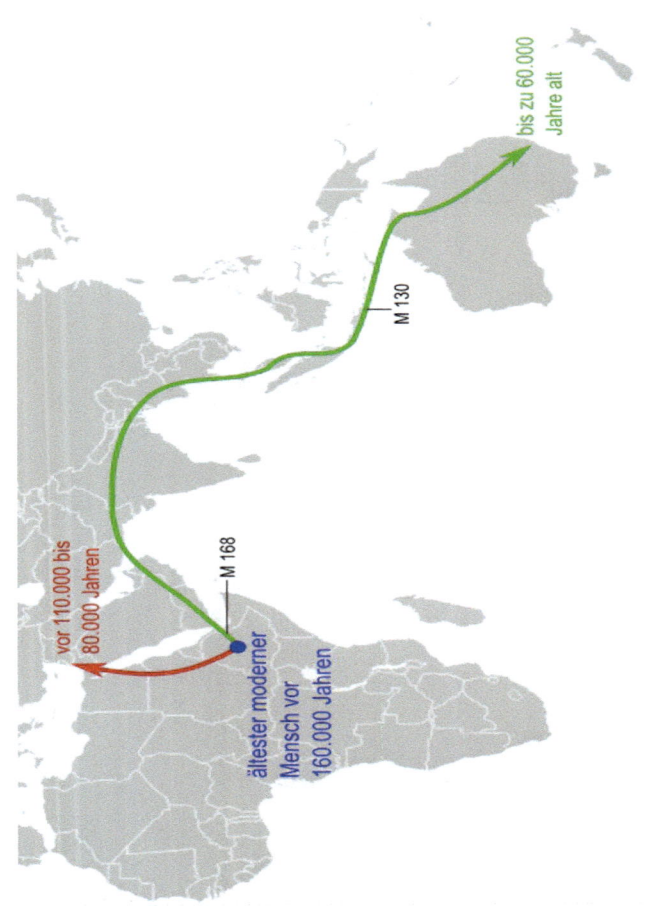

bis zu 60.000 Jahre alt

M 130

vor 110.000 bis 80.000 Jahren

M 168

ältester moderner Mensch vor 160.000 Jahren

2. Auszug aus Afrika

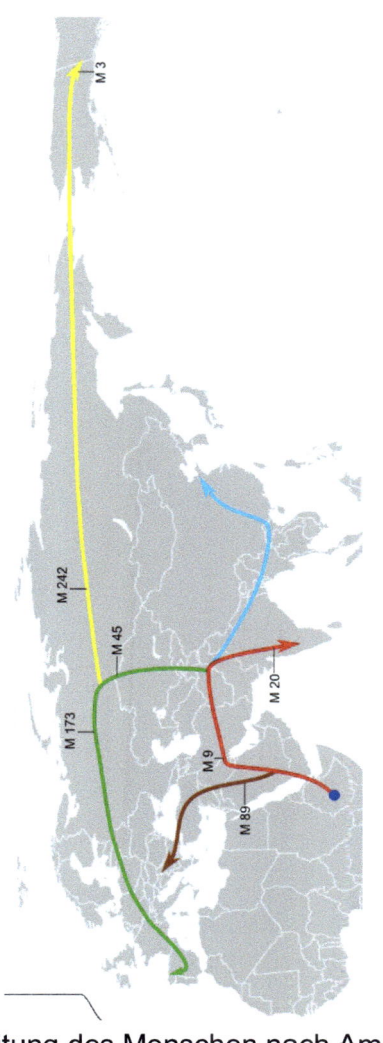

3. Ausbreitung des Menschen nach Amerika

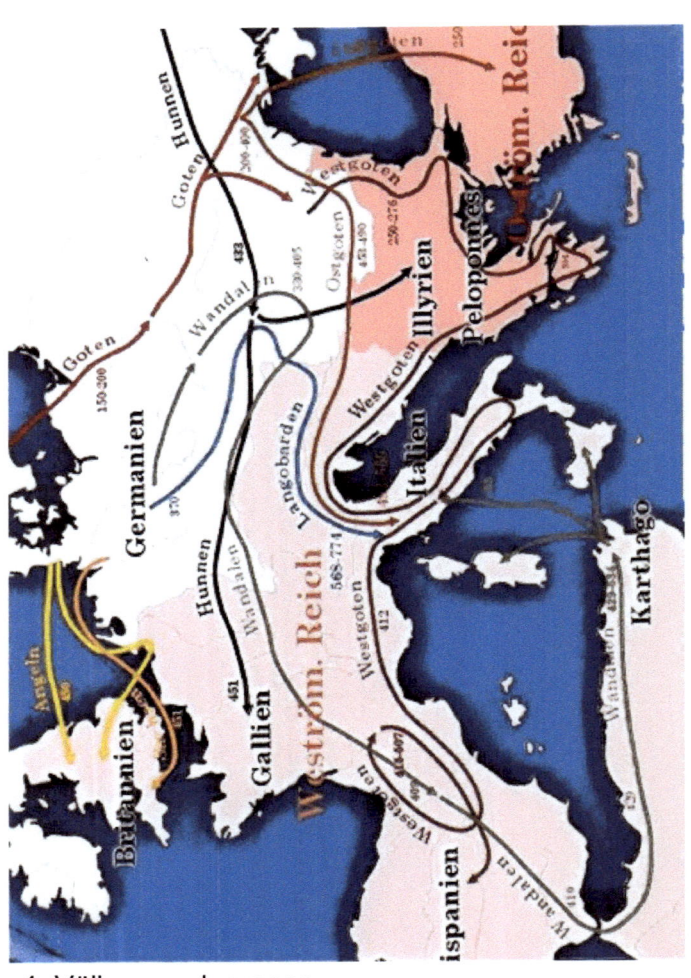

4. Völkerwanderungen